Les **100 règles d'or** de la méthode **Montessori**

Direction de la publication : **Isabelle Jeuge-Maynart** et **Ghislaine Stora**
Direction éditoriale : **Aurélie Starckmann**
Responsable d'édition : **Bethsabée Blumel**
Mise en page et adaptation : **Olivier Caldéron**
Couverture : **Véronique Laporte**
Fabrication : **Émilie Latour**

ISBN 978-203-5966469

JEANNE-MARIE PAYNEL
VIOLAINE PERRAULT

Les 100 règles d'or de la méthode Montessori

POCHE

LAROUSSE

Sommaire

Les fondements de la pédagogie Montessori

Avant d'aborder l'application de la méthode Montessori à l'école et à la maison, il est important d'en comprendre l'origine. Des années de recherches, d'observations et d'expériences ont permis à Maria Montessori d'établir une solide base théorique, qui a donné naissance à la philosophie Montessori telle que nous la connaissons.

1. Saviez-vous que la méthode Montessori était principalement l'œuvre d'une femme ?

Maria Montessori écrivait avec humilité : « Je n'ai pas inventé une méthode éducative, j'ai juste donné à des enfants la chance de vivre. »

Une femme passionnée et en avance sur son temps

Maria Montessori est née en 1870 en Italie. Fille unique d'un père comptable et d'une mère enseignante, elle se passionne dès l'enfance pour les mathématiques et l'ingénierie. Malgré l'opposition de son père et les réticences d'un milieu majoritairement masculin à l'époque, elle suit des études de médecine à l'université de Rome.

Elle devient alors une des premières femmes diplômées de médecine en Italie, l'une des rares en Europe.

Ses études terminées, elle travaille dans un département psychiatrique dédié aux enfants, ce qui sera décisif pour sa formation et son engagement. Entourée d'enfants rejetés et plus lents que la normale, elle prend alors conscience de tout leur potentiel, à condition qu'on puisse leur offrir l'opportunité d'acquérir les connaissances essentielles. Par la suite, elle étudie l'anthropologie, la psychologie et la pédagogie.

Maria Montessori parcourra le monde pour répandre ses idées et sa vision de l'enfant et de l'éducation, seule réponse d'après elle pour obtenir la paix dans le monde.

De nombreuses personnalités comme Alexander Graham Bell, Thomas Edison, Sigmund Freud, Bertrand Russell, Jean Piaget, Mahatma Gandhi, Helen Keller et Anne Sullivan (entres autres) ont reconnu le caractère innovant de la méthode éducative de Maria Montessori.

Maria Montessori meurt à Noordwijk aan Zee (Pays-Bas) en 1952, trois mois avant son 82e anniversaire. On peut lire sur sa tombe l'inscription suivante : « Je prie les chers enfants si puissants de s'unir à moi pour construire la paix en l'Homme et dans le monde. »

2. Défenseur des droits des femmes

Le docteur Maria Montessori n'était pas seulement une éducatrice mais aussi une physicienne, une scientifique, une philosophe, une féministe et une militante prônant l'altruisme et la paix dans le monde.

Lors de son éducation, Maria Montessori prit nettement conscience des injustices faites aux femmes et aux enfants. Elle décida alors d'employer toute son énergie à les défendre.

Elle fut l'une des premières défenseurs des droits des femmes et en particulier des droits des mères au travail. Elle milita aussi pour le droit de vote des femmes, mais dut attendre cinquante ans avant qu'il ne soit autorisé en 1945, en Italie comme en France.

À 26 ans, Maria Montessori devient vice-secrétaire de l'Organisation des femmes de Rome, un groupe de suffragettes, et est choisie pour représenter l'Italie au Congrès international des femmes à Berlin. Lors de cette conférence, elle s'exprime sur les droits des femmes, s'attirant ainsi les éloges de la presse internationale.

En 1899, elle participe encore au Congrès international des femmes, à Londres, où elle dénonce le travail des enfants en Sicile, dans un discours très bien reçu qui évoque la détresse et les conditions difficiles des institutrices.

En 1934, elle se rend compte que sa vision de l'éducation pacifique s'oppose aux intentions du leader Benito Mussolini et décide de quitter l'Italie et son régime fasciste. Malgré l'engouement que suscitent ses écoles, elle décide de les fermer, car elle refuse que les enfants portent des uniformes et fassent le salut fasciste comme le Duce l'exige.

Sa seule option est de s'enfuir en Espagne, elle-même en proie à la guerre civile. Mais l'histoire se répète, malheureusement : elle et sa famille sont contraints de fuir le régime franquiste sur un navire de guerre britannique qui fait route vers Londres.

En 1939, elle est invitée en Inde par la Société théosophique de Madras (actuellement Chennai), en tant que conférencière. Bien qu'elle se soit enfuie de son pays d'origine, elle est considérée comme une ennemie de l'Inde, à l'époque une colonie sous la férule britannique, et se retrouve placée en résidence surveillée. Son fils et interprète Mario, qui l'avait accompagnée, est emprisonné pour la même raison et ne sera libéré qu'au moment du 70e anniversaire de sa mère. En Inde, celle-ci continue à écrire, enseigner et donner des conférences.

Selon Maria Montessori, une réforme radicale de l'éducation était nécessaire pour rendre le monde meilleur. Son but était de placer les enfants au centre de la société, afin de les rendre plus attentionnés, déterminés et épanouis. Elle a consacré sa vie à la cause des enfants, et ses valeurs pédagogiques ont été adoptées dans les nombreuses écoles Montessori partout à travers le monde.

En 1949, Maria Montessori reçut la Légion d'honneur des mains de Léon Blum, président du Conseil. À trois reprises, elle fut nominée pour le prix Nobel de la paix.

3. Maria Montessori, un médecin et une mère

En 1897, Maria entretient une relation avec un collègue et proche collaborateur de l'université, Giuseppe Ferruccio Montesano (1868-1951) et tombe enceinte. Outre les nombreux obstacles que cela posait à l'époque, elle a peur de perdre sa liberté et décide de ne pas épouser le père de son enfant.

Le couple se promet fidélité et décide de laisser l'enfant à la charge d'une famille dans la campagne de Rome. Plus tard, Maria aura le cœur brisé car Montesano se mariera et fondera une famille avec une autre femme.

Mario Montesano Montessori naît le 31 mars 1898. Sa mère lui rend visite régulièrement en ne révélant jamais son identité, jusqu'à l'adolescence de son fils.

Lorsque ce dernier apprend qui est vraiment sa mère, il décide de l'accompagner dans ses voyages et deviendra par la suite son principal collaborateur, l'interprète et le défenseur de sa méthode éducative. Il publiera ses propres livres sur la méthode Montessori et donnera à sa mère un petit-fils, Mario Jr., qui est à l'origine de la fameuse citation « aide-moi à faire seul ».

Aujourd'hui, l'historienne Carolina Montessori, l'une des onze arrières-petits-enfants de Maria, dirige les archives de Maria Montessori au siège de l'Association Montessori internationale (AMI) à Amsterdam.

4. Aux origines de la méthode Montessori

Enfants des asiles et enfants des rues

En tant que jeune médecin, Maria Montessori s'intéresse à la pédopsychiatrie, un domaine en plein développement à cette époque. En 1900, elle devient directrice d'une école d'orthophrénie, un institut médico-pédagogique spécialisé dans l'étude du développement des enfants handicapés. Cet établissement et ses classes-laboratoires formaient les éducateurs à l'observation et l'éducation des enfants ayant des difficultés mentales.

« Un nouvel enfant est né »

Les recherches de Maria Montessori furent influencées par les travaux des médecins français Jean Itard (1774-1838), connu pour ses recherches sur la surdité et sur l'éducation de Victor, l'enfant sauvage de l'Aveyron, et Édouard Séguin (1812-1880), disciple de Jean Itard, pédagogue reconnu pour être l'un des premiers à s'être intéressé aux besoins particuliers des enfants ayant une déficience intellectuelle.

Grâce à ces rencontres, Maria Montessori oriente ses recherches vers une approche scientifique des apprentissages, basée sur l'observation et l'expérimentation. Les enfants dont elle avait la charge passeront les examens de l'Éducation nationale italienne et pourront mener une vie normale, à la grande surprise de la communauté internationale. C'est à partir de là que date son engagement pour l'éducation et le bien-être des enfants.

En 1906, on lui demande de résoudre le problème des enfants errants des quartiers pauvres de Rome. Dès l'année suivante, dans le quartier populaire de San Lorenzo, elle crée la première Casa dei Bambini (la Maison des enfants). Maria Montessori y fait fabriquer de petits meubles adaptés aux enfants et confectionne elle-même un matériel pédagogique semblable à celui qu'elle avait utilisé avec les enfants déficients. Elle constate que les enfants de la Casa dei Bambini, dans cet environnement approprié, éprouvent le désir naturel de se concentrer et de travailler ; ils sont sociables, communicatifs et heureux. Maria Montessori met alors au point sa « pédagogie scientifique ».

La première école Montessori est fondée le 6 janvier 1907. Depuis cette date, l'intérêt pour la méthode Montessori n'a cessé de grandir.

5. Les particularités des écoles Montessori

Depuis la création de la première Casa dei Bambini en 1907, les écoles Montessori n'ont cessé de se multiplier. Aujourd'hui, on compte plus de 20 000 écoles Montessori dans le monde et environ 200 en France. Les écoles Montessori existent dans tous les pays et éduquent des enfants âgés de 3 mois à 18 ans. Malgré cette diversité, elles suivent toutes les grands principes de la méthode et de la philosophie Montessori.

Les grands principes

- Priorité est donnée au respect du rythme de chaque enfant, sachant que chaque enfant a des besoins spécifiques et un désir naturel d'apprendre et de comprendre.
- Des environnements « préparés », conçus pour encourager l'activité autonome des enfants (organisation de la classe ; matériel et activité pédagogiques spécifiques) selon leur classe d'âge.
- Des classes d'âges mixtes, organisées en fonction des « plans [stades] du développement » des enfants et non de leur date de naissance : classe des 3-6 ans, 6-12 ans et 12-18 ans.
- Libre choix des activités des enfants, dans la mesure où ces activités leur ont déjà été « présentées » par leur éducateur.
- Liberté des mouvements des enfants dans la classe.
- L'enfant est encouragé à apprendre en observant un autre enfant, dans la mesure où il ne l'interrompt pas.
- Les éducateurs ont suivi le cursus de la pédagogie Montessori et en ont reçu la certification.

Le diplôme de l'Association Montessori internationale (AMI) pour les éducateurs est le plus reconnu. Si vous souhaitez inscrire votre enfant dans une école Montessori, nous vous invitons à faire quelques recherches préalables afin de vous assurer que cette école respecte bien une majorité des principes évoqués ci-dessus.

6. L'Association Montessori internationale

En 1929, Maria Montessori et son fils Mario fondent l'Association Montessori internationale (AMI) lors du premier congrès international Montessori qui a lieu au Danemark. Cette association a pour but de préserver la cohérence de la méthode Montessori au niveau mondial.

À ce jour, il existe 34 groupes affiliés à l'AMI, et ce nombre augmente chaque année. Le siège de l'association se trouve à Amsterdam, dans la dernière résidence du Dr Montessori. L'association est constituée d'un conseil d'administration et de représentants de plusieurs pays. Chaque année, une rencontre générale ouverte au public permet à tous de partager de nouvelles ressources et informations.

Aujourd'hui, l'AMI œuvre à rendre la méthode accessible à tous les enfants, notamment en facilitant l'accès aux formations, en soutenant le développement professionnel des éducateurs Montessori, en apportant un soutien complet aux écoles et programmes Montessori, en encourageant les recherches et en améliorant les ressources humaines, financières et technologiques.

Il est important de signaler que le terme « Montessori » – et la méthode pédagogique en elle-même, par conséquent – n'est pas une marque déposée. Il existe donc de nombreuses associations et groupes proposant des formations prétendument authentiques. Nous espérons que ce livre vous aidera à y voir plus clair lors du choix d'une école pour votre enfant, ou bien tout simplement lors de la préparation d'une activité.

Le 29e congrès international Montessori aura lieu à Bangkok en 2021.

7. Les grands principes d'une pédagogie pluridisciplinaire

La méthode Montessori est fondée sur les besoins fondamentaux propices au développement de l'être humain. Le matériel, les objets didactiques, les leçons développées par Maria Montessori, son fils et d'autres collaborateurs, sont basés sur ces préceptes.

La méthode Montessori est construite depuis plus d'un siècle sur la longue et méticuleuse observation scientifique des enfants. Aujourd'hui, les neurosciences et les sciences cognitives ont validé la plupart des principes que Maria Montessori avait identifiés et utilisés.

Voici les quatre principaux fondements de la méthode Montessori :

- **« L'esprit absorbant »** ;
- **Les « tendances humaines »** ou besoins fondamentaux ;
- **Les « périodes sensibles »** ;
- **Les « quatre plans du développement »** de l'être humain.

8. « L'enfant est une éponge »
l'esprit absorbant de l'enfant

Fondement n° 1 de la philosophie Montessori :
l'enfant possède l'extraordinaire capacité de tout absorber. C'est une importante découverte prouvée par la science. On appelle cela « l'esprit absorbant ».

Une remarquable faculté d'assimilation

Selon le Dr Montessori, l'enfant dispose d'une remarquable faculté d'assimiler, de s'imprégner et d'intérioriser tout ce qui l'entoure, en particulier de sa naissance jusqu'à l'âge de 6 ans. Maria Montessori l'utilisa comme fondement pédagogique pour optimiser sa méthode d'apprentissage. Là où l'adulte devra fournir un effort pour apprendre, l'enfant va absorber l'information sans même en avoir conscience. L'état absorbant est un état inconscient créatif. Le cerveau de l'enfant collecte toutes les informations sans opérer de sélection. On le qualifie d'« éponge », puisque toutes les expériences sont intégrées : les bonnes comme les mauvaises.

Il existe deux phases :
1. De la naissance à 3 ans, l'enfant est un « apprenant inconscient ».
2. Vers la troisième année, il devient plus conscient et continue à tout absorber avec passion. Il est alors un « participant conscient ».

« L'esprit absorbant » permet à l'enfant de s'adapter à son temps, à son espace et à sa culture en assimilant tout ce qui compose son univers : les conditions, les valeurs, les principes, les coutumes – sans aucune discrimination. En se basant sur ce principe, Maria Montessori comprit l'importance de fournir à l'enfant, dès son plus jeune âge, « un environnement préparé » pour assouvir et répondre à cette soif d'apprendre.

« L'esprit absorbant ! Merveilleux don de l'humanité ! Sans effort, simplement en "vivant", l'individu absorbe dans l'environnement une réalité complexe de la culture telle que le langage. [...] C'est un phénomène qui reste caché dans les mystères de l'inconscient créatif. » (Maria Montessori, *la Formation de l'Homme*, 1949.)

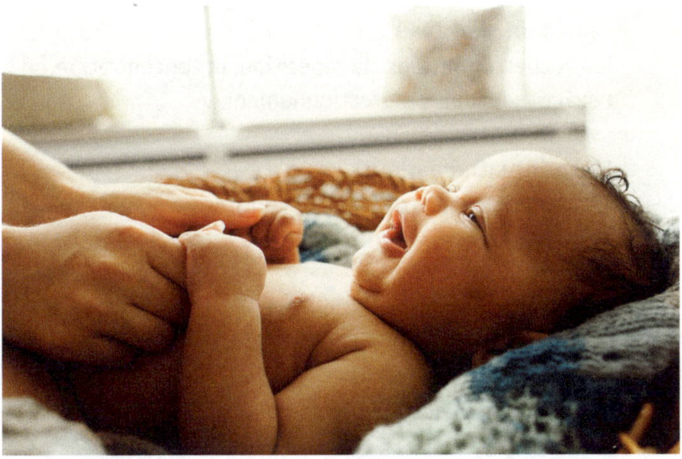

9. Les besoins humains

Fondement n° 2 de la philosophie Montessori : l'être humain possède certaines prédispositions qui sont universelles, naturelles et instinctives.

Après avoir longuement étudié ces caractéristiques lors de ses recherches en les observant chez les enfants, Maria Montessori les intégra à la fois dans son approche pédagogique, dans la création du matériel et dans les environnements préparés (organisation de la salle de classe, fabrication du matériel pédagogique).

Quels sont ces besoins ?

- **Le besoin d'exploration :**
  l'orientation, le mouvement, l'ordre, la curiosité…

- **Le besoin de travail :**
  le toucher, l'imitation, la répétition, la concentration, l'exactitude, l'autoperfectionnement…

- **L'esprit mathématique :**
  l'imagination, l'abstraction, le contrôle…

- **La vie sociale :**
  la culture, la communication…

- **Le besoin spirituel :**
  l'art, la musique, la danse (expression physique), la spiritualité…

10. Le besoin d'exploration

Pour bien s'adapter, l'être humain doit avant tout pouvoir explorer l'univers dans lequel il évolue. Cette exploration est ce que l'on appelle une « Tendance humaine », qu'on ne peut refréner, car c'est un guide intérieur qui pousse chacun de nous à explorer et s'adapter à notre temps et à notre culture.

Ce besoin d'explorer et de s'orienter nous a permis de nous développer et de survivre sur notre planète.

L'enfant découvre d'abord ses propres capacités, qui lui donneront la liberté d'explorer encore plus en détail son environnement. Une fois conscient de ce besoin vital, il faut alors « préparer » un environnement sécurisé et adapté que l'enfant pourra explorer à sa guise. Nous pouvons l'aider en l'observant, en le guidant et en préservant sa sécurité et sa liberté, tout en étant vigilant à ne pas devenir un obstacle pour lui.

Au début, l'enfant va explorer au travers de ses sens, très développés au début de la vie, et qui sont les seules clés pouvant lui permettre de comprendre le monde qui l'entoure.

L'orientation, l'ordre et la communication représentent différents aspects de ce besoin d'exploration :

- **L'orientation nous permet de mettre en lien les différents éléments** de notre environnement, de catégoriser et de classifier tout ce que nous rencontrons.

- **L'ordre apporte une structure et constitue un important facteur d'orientation :** moins il y a d'ordre, plus on doit dépenser d'énergie pour s'orienter. L'ordre est donc très important dès la naissance de l'enfant, car ce dernier construit ainsi un cadre de référence. Il passe beaucoup de temps à tenter de s'orienter dans son environnement afin de le comprendre et de s'y sentir en sécurité. C'est pourquoi, dans une maison et dans une classe Montessori, tout est ouvert à l'exploration, mais avec un grand sens de l'ordre et de l'organisation.

- **La communication est un besoin humain vital :** elle permet de prendre part à l'ordre social et de s'y exprimer. Qu'elle soit verbale ou non verbale, orale ou écrite, la communication permet de nous connecter aux anciens, actuels et futurs membres de la société.

11. Le besoin de travail

C'est à travers le travail que nous trouvons un sens, un sentiment d'utilité et d'appartenance, puisque nous participons et contribuons à la vie de société.
Un travail effectué avec joie apporte de l'énergie et est essentiel à la survie.

L'enfant travaille à son propre développement, aidé par la manipulation de matériel (une forme d'exploration), **la répétition** (une expérience), **l'exactitude** (une forme d'ordre) et **l'autoperfectionnement**. Dans la classe, l'enfant expérimente et manipule le matériel seul. Il est un explorateur sensoriel actif, qui apprend en faisant et en agissant par lui-même. On lui présente un certain savoir-faire, mais il est libre de choisir sa propre méthode.

L'enfant essaie continuellement de comprendre comment fonctionnent les choses, en répétant une action jusqu'à la maîtriser parfaitement et en se concentrant sur le travail de la main.

Le travail est souvent associé à un sentiment de responsabilité, mais aussi de contrainte. Pourtant, si l'on regarde le travail comme une façon d'évoluer et de se perfectionner, il devient un véritable besoin humain.

Maria Montessori a souvent été critiquée pour l'usage qu'elle fait du mot « travail », mais pour l'enfant, ce mot a exactement la même signification que « jouer ». Le mot « travail » est souvent perçu de façon négative dans notre culture, car, étymologiquement, il est lié à un *instrument de torture* (c'est le sens premier du mot latin « *tripalium* »). Or l'enfant est un travailleur acharné lorsqu'il se consacre à ses centres d'intérêt – et il faut préserver ce besoin et ce désir autant que possible.

« L'homme se construit en travaillant, en effectuant des travaux manuels, lors desquels la main est l'instrument de sa personnalité, l'organe de son intelligence et de sa volonté individuelle, cette main qui façonne sa propre expérience en face à face avec l'environnement. [...] c'est l'instinct caractéristique de son espèce. » (Maria Montessori, *l'Enfant*.)

12. L'esprit mathématique

L'esprit mathématique est une autre Tendance humaine qui s'exprime par un besoin naturel de mesurer et de calculer. C'est une capacité à analyser et à préciser qui guide l'enfant dans son souci de s'adapter à la société.

Au cours de l'histoire, l'esprit mathématique nous a permis de compter, calculer, mesurer, mais a aussi donné naissance aux concepts de jour, de nuit, de saisons, et à des techniques comme la plantation ou la récolte. Les enfants calculent et mesurent sans cesse. Avez-vous remarqué que votre tout-petit adore lâcher des objets, encore et encore ? Il est tout simplement en train de calculer et d'expérimenter la loi de la gravité !

L'imagination et l'abstraction sont également des composantes de l'esprit mathématique. Ce sont des outils remarquables qui nous différencient des autres animaux. L'imagination nous donne la capacité de créer ce qui ne l'a jamais été auparavant et d'édifier des civilisations complexes. L'abstraction, quant à elle, est la capacité de penser à quelque chose que nous n'avons pas sous les yeux, ou bien de calculer sans avoir besoin de matériel concret.

Nous sommes tous nés avec un esprit mathématique, et il est important de nourrir celui de l'enfant dès la naissance, pour lui permettre d'avoir plus tard l'imagination et l'abstraction nécessaires pour s'adapter à son environnement.

13. La vie sociale

Que nous soyons introvertis ou extravertis, nous sommes des êtres sociaux : nous avons besoin d'interagir avec d'autres êtres humains. Nous suivons des rituels et des traditions culturelles pour nous intégrer à la société, pour répondre à notre besoin d'appartenance.

Nous nous rassemblons en groupe pour travailler sur un projet commun, dans une vie sociale qui comprend des règles culturelles et comportementales.

Les enfants de moins de 6 ans préfèrent travailler de façon indépendante, car ils sont dans un processus de construction intérieure. L'environnement Montessori est précisément adapté et pensé pour satisfaire ce besoin et son évolution.

Après 6 ans, les enfants sont plus intéressés par les activités de groupe et créent de forts liens sociaux ; le besoin de vie en communauté se développe, permettant à la communication de s'instaurer.

14. Le besoin de spiritualité

Quand ses besoins physiques primaires comme l'alimentation et la sécurité sont comblés, les besoins spirituels de l'être humain se développent. Il suit des habitudes, des rituels, obéit à des traditions auxquelles il cherche à donner un sens ; il commence à créer, à jouer de la musique, à se lancer dans l'art, le théâtre, la littérature, la danse, le sport…

L'environnement Montessori favorise le développement spirituel des enfants, en offrant de nombreuses opportunités créatives et la possibilité d'explorer et de partager de multiples traditions culturelles. Mais la spiritualité se retrouve également dans la façon dont la classe est « préparée » : une ambiance soignée, ordonnée, où l'on évolue dans le calme et la sérénité, avec des gestes précis, dans le respect de l'autre... Tous ces détails donnent une valeur spirituelle à cet environnement, qui répond alors à un besoin essentiel mais souvent oublié ou mis de côté, car généralement associé à la seule religion. La spiritualité se retrouve pourtant dans tous les domaines susceptibles de connecter notre corps à notre esprit !

5. Les périodes sensibles ou « fenêtres d'opportunité »

Les six premières années constituent une phase unique de développement et d'apprentissage. L'enfant apprend à marcher, à parler, et il réalise une quantité de progrès sans réel enseignement, ce qui s'opère inconsciemment, en partie grâce à ce fabuleux « esprit absorbant ».

Outre cette période cruciale, Maria Montessori décrit aussi l'existence de périodes intenses, où l'enfant est particulièrement sensible et réceptif à certaines activités. Elle nomme ces phases les **« périodes sensibles du développement » ou « fenêtres d'opportunité »**, c'est-à-dire **des moments de grande curiosité accompagnés d'une extraordinaire faculté de concentration chez l'enfant.**

Celui-ci, grâce à son système nerveux, peut se focaliser sur un sujet et assimiler des compétences spécifiques. Il peut répéter un exercice inlassablement sans y être encouragé.

Maria Montessori invite les adultes à observer le comportement et les activités choisies par l'enfant pour identifier dans quelle période sensible il se trouve et l'aider à assouvir ce besoin d'apprendre.

Il existe quatre grandes « périodes sensibles » :

- La période sensible du **langage** ;
- La période sensible de **l'ordre** ;
- La période sensible du **développement et du raffinement sensoriel** ;
- La période sensible du **mouvement**.

Universelles, les périodes sensibles sont des « fenêtres d'opportunité » permettant à l'enfant d'acquérir les outils pour s'adapter, se construire, développer sa volonté et son intelligence.

Ne pas profiter de ces périodes sensibles est préjudiciable.

L'apprentissage est toujours possible, mais ce qui était facile et inconscient pendant la période sensible nécessitera un effort redoublé par la suite. L'apprentissage des langues étrangères en est le parfait exemple. Apprendre plusieurs langues étrangères dès la naissance se fait naturellement. Une fois adulte, cette acquisition est plus difficile.

16. La période sensible du langage (de la vie prénatale jusqu'à 6 ans)

Jusqu'à 6 ans, l'enfant est extrêmement intéressé par le son des voix, la découverte et la maîtrise de la sienne propre. Un enfant privé de langage durant ces années peut souffrir de certaines lacunes.

Sans stimulation, les mécanismes du cerveau impliqués dans l'acquisition du langage (synapses, aire de Broca) ne sont pas développés. **Il est donc essentiel de parler à l'enfant, de chanter, de lire avec lui et de l'écouter dès sa naissance.** Non seulement l'ouïe et le système vocal et cérébral doivent fonctionner, mais l'enfant doit évoluer dans un environnement riche en vocabulaire.

Employer des mots justes et précis est essentiel pour éveiller son désir et sa capacité de communiquer, à l'oral pour débuter puis par écrit.
L'environnement préparé (matériel et pédagogie) Montessori stimule l'intérêt de l'enfant pour le langage au début et tout au long du cycle pédagogique.

17. La période sensible de l'ordre (entre 6 mois et 3 ans)

Cette seconde période peut même aller parfois jusqu'à 5 ans. Durant cette phase, l'enfant accorde beaucoup d'importance à l'ordre des choses. Il est sensible à la stabilité, à l'établissement d'habitudes qui lui servent de référence.

On sait que l'ordre extérieur contribue à l'ordre intérieur, en particulier chez l'enfant apprenant à s'adapter à son environnement. Chaos et désordre sont des sources de perturbations. Tout comme un environnement ordonné est crucial, une routine et une stabilité quotidiennes répondent à son besoin de calme et d'ordre.
Avez-vous noté à quel point un enfant peut être gêné lorsque ses habitudes ont changé sans qu'il en soit prévenu ?

Pensez à minimiser le nombre de jouets accessibles et à les organiser de façon claire et logique afin que l'enfant puisse les ranger facilement. **Oubliez le bac à jouets !**

18. La période sensible de l'éveil sensoriel (de 0 à 4 ans)

Les premières informations venant du monde extérieur sont reçues par l'enfant grâce à ses sens. Au début, toutes les impressions sensorielles (audition, goût, olfaction, vue et toucher) sont captées par le cerveau. Lorsque celui-ci se développe, l'enfant devient capable de différencier les sensations utiles et celles sans importance.

Les stimuli sensoriels plus répétés fortifient certaines voies neuronales. Vers 4 ans, le cerveau a terminé son tri. Entre 0 et 4 ans, il est donc capital d'éveiller tous les sens de l'enfant pour stimuler son cerveau, enrichir et ordonner au maximum sa banque d'informations sensorielles, ce qui lui permettra de mieux comprendre le monde qui l'entoure.
Vous comprenez mieux désormais pourquoi les petits mettent tout ce qu'ils trouvent à leur bouche. **Grâce au toucher, ils enrichissent et affinent des données transmises à leur cerveau.**

19. La période sensible du mouvement (entre 18 mois et 4 ans)

Vers 18 mois, la motricité de base est plus ou moins acquise. Jusqu'à l'âge de 4 ans environ, le cervelet et le cortex moteur du cerveau continuent de se développer pour améliorer la motricité fine. Les activités de l'enfant se concentrent donc sur le contrôle de mouvements plus délicats, ce qui lui permettra de parvenir facilement à une certaine dextérité : écrire avec un crayon, prendre des objets...

Pendant cette période sensible, l'enfant fournira un « effort maximum » (concept montessorien défini dans le glossaire p. 201) pour exécuter des mouvements simples qu'il aime répéter. Ceci l'aide à les enregistrer et à créer la mémoire du geste. Après 4 ans, le développement psychomoteur continue mais le perfectionnement de la motricité fine demande alors des efforts considérables. Avez-vous remarqué qu'à ces âges, l'enfant est en mouvement perpétuel ? Comprenez-vous pourquoi un petit de 2 ans désire absolument porter des objets lourds ?

20. L'importance du travail de la main

L'être humain a toujours utilisé ses mains pour créer et évoluer. Dès les premiers mois de la vie, le tout-petit découvre ses mains et apprend peu à peu à les utiliser de façon intentionnelle.

C'est seulement lorsqu'il se tiendra debout et qu'il marchera que l'enfant libérera ce merveilleux outil dont il n'a plus besoin pour se mouvoir. Les progrès vers la dextérité et le développement de la motricité fine commencent ! Pour Maria Montessori, c'est le moment de lui proposer du matériel intelligent, avec un but défini. Cela va motiver l'enfant, dont les petites mains ne demandent qu'à travailler et à se développer.

La main, outil de l'intelligence

La dextérité et l'usage des dix doigts de la main sont indispensables au développement de l'intelligence. Si les pieds sont presque universellement utilisés de la même façon, c'est-à-dire pour marcher, le développement de la main est bien plus singulier ; il varie d'une personne à l'autre et mène vers des compétences particulières qui déterminent notre travail et notre contribution à la société.

Pour utiliser nos mains, différentes parties du cerveau sont mobilisées et se développent, comme lorsqu'on apprend à utiliser un nouvel outil : c'est notamment le cas lorsqu'on fait des jeux de construction, que l'on apprend à jouer du piano, à écrire, à coudre…

Maria Montessori va encore plus loin en disant que l'enfant pourrait évoluer jusqu'à un certain point, sans l'usage de ses mains, mais que son intelligence se développe de façon bien plus importante grâce à la manipulation. La main constitue un véritable outil de l'intelligence : laissons nos enfants découvrir ce qu'ils sont capables de faire de leurs dix doigts !

« Le véritable "caractère moteur" en lien avec l'intelligence est le mouvement de la main, au service de l'intelligence, pour la réalisation du travail. »
(M. Montessori, *l'Enfant*.)

21. Les quatre plans du développement

De la naissance à l'âge de maturité, Maria Montessori compare « le développement (de l'enfant) à une série de renaissances » qu'elle appelle les « quatre plans du développement », aussi nommés « le rythme constructif de la vie ».

Les quatre plans (ou stades) du développement se divisent ainsi :

- Premier plan, 0-6 ans : **la petite enfance** ;
- Deuxième plan, 6-12 ans : **l'enfance** ;
- Troisième plan, 12-18 ans : **l'adolescence** ;
- Quatrième plan, 18-24 ans : **la maturité**.

Le Rythme Constructeur de la Vie

Les quatre plans de développement *(0-24 ans)*

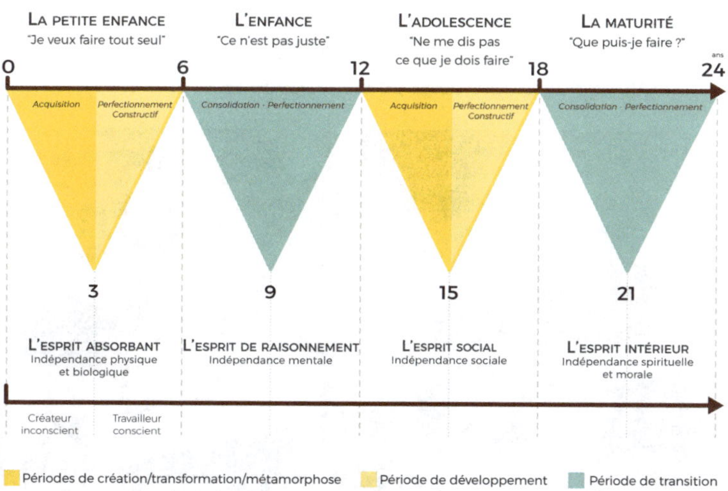

Le premier et le troisième plans sont subdivisés en deux parties de trois années : la première est celle de l'acquisition des connaissances, la seconde celle de la cristallisation des acquis.

Le deuxième et le quatrième plans sont des périodes de consolidation, plus calmes et stables. Nous les développerons plus en détail dans les règles suivantes.

Si vous avez des enfants, vous aurez remarqué que la petite enfance et l'adolescence offrent quelques similitudes et qu'elles comportent un certain nombre de défis pour les parents. Les environnements Montessori, le matériel et la pédagogie prennent en compte les spécificités des besoins physiques, sociaux et mentaux de l'enfant dans chaque plan de développement.

Les caractéristiques psychologiques de l'enfant changent aussi selon les plans (ou étapes), quels que soient le degré de stimulation et le niveau d'acquisition. Néanmoins, les prédispositions de l'enfant à bénéficier pleinement des particularités de chaque étape dépendra du succès ou des manques générés lors de la phase précédente.

22. Le premier plan : la petite enfance

ou « Je veux faire tout seul »

Les six premières années de la vie sont celles de « l'esprit absorbant » et des bases du développement de la personnalité humaine ; c'est le plan (le stade de développement) le plus actif. Il se divise en deux cycles de trois ans : de la naissance à 3 ans, c'est l'esprit absorbant *inconscient*, suivi de 3 ans à 6 ans par l'esprit absorbant *conscient*.

Durant cette phase, l'enfant change énormément, à la fois physiquement et psychiquement. Ses dents poussent, il apprend à s'asseoir, à ramper, à marcher... À travers la manipulation, le jeu et l'imitation, il développe sa motricité globale et fine ; en parallèle, son langage se développe, lui permettant de s'exprimer par des mots puis des phrases, dans la langue de son environnement.

Jusqu'à 6 ans, l'enfant est résolument tourné vers lui-même.

Il réfléchit de façon très concrète et il veut tout découvrir du monde qui l'entoure. C'est durant ces années cruciales que se développent certaines facultés mentales comme la mémoire, la volonté, l'ordre, la raison... C'est un observateur et un explorateur passionné, tant sur le plan du mouvement que sur celui de la sensorialité. Pendant cette étape du développement, les périodes sensibles sont fortes et se chevauchent.

Lors du premier plan de développement, l'enfant a particulièrement besoin d'amour, de tendresse, de proximité, d'ordre, de protection et d'un sentiment de

sécurité physique et affective. Il lui faut la plus grande indépendance possible, dans un environnement simple mais qui offre une multitude de stimuli, d'activités avec un but défini, d'expériences concrètes de la vie réelle.

Il a besoin et envie de participer à la vie de sa famille, de sa culture, de comprendre le fonctionnement de la nature, de son quotidien… Tout cela participe à la construction de l'estime de soi et de la confiance en soi, indispensables à la curiosité et à la joie qui animent un enfant qui grandit.

Plusieurs environnements sont appropriés pour que se déroule au mieux ce premier plan de développement : la maison, tout d'abord, puis le Nido, la Communauté enfantine et enfin la Maison des enfants, tous préparés dans le but de répondre aux besoins de l'enfant durant cette phase et de lui donner les clés du monde.

« [...] la partie la plus importante de la vie n'est pas celle qui correspond aux études universitaires, mais bien la première période, celle qui s'étend de la naissance à 6 ans, parce que c'est précisément pendant cette période que se forment non seulement l'intelligence, le grand instrument de l'homme, mais aussi l'ensemble des facultés psychiques. L'idée neuve a produit une grande impression sur ceux qu'intéresse la vie psychique ; et beaucoup d'entre eux se sont livrés à l'étude du nouveau-né, du bébé d'un an, qui donne sa personnalité à l'homme. »
(M. Montessori, *l'Esprit absorbant de l'enfant.*)

23. Le deuxième plan : l'enfance

ou « C'est injuste »

Aux alentours de sa sixième année, et jusqu'à 12 ans, l'enfant devient un être social. On dit que c'est l'âge de la sérénité, car l'enfant est calme, généralement joyeux, il n'est plus dépendant de l'ordre extérieur et commence à devenir moins dépendant de l'adulte. Il devient un véritable explorateur culturel : il veut tout savoir sur le monde qui l'entoure, tout comprendre, tout en affirmant sa propre personnalité.

Physiquement, l'enfant à partir de 6 ans connaît à nouveau des changements : ses dents de lait tombent pour laisser place aux dents définitives, la peau et les cheveux s'épaississent ;

le corps de l'enfant s'allonge et se renforce, ce qui fait de lui un excellent coureur, et sa santé devient plus robuste. Et surtout, il déborde d'énergie !

L'âge de l'abstraction et de la sociabilité

Dans le second plan de développement, l'enfant a accès à la pensée abstraite : il peut raisonner et comprendre des concepts bien plus complexes que dans le plan précédent. Il a une imagination débordante et, grâce à toutes ces nouvelles capacités, il s'épanouit dans des projets de grande envergure. **Avec les multiples questions qu'il se pose, les « pourquoi » et les « comment », il acquiert un très grand nombre de connaissances.** C'est aussi la période de la conscience morale : l'enfant a un grand besoin de justice, de distinguer le bien du mal ; il se passionne d'ailleurs pour toutes les histoires qui mettent en scène des héros.
À l'inverse de la phase précédente, **entre 6 et 12 ans, l'enfant est en pleine période de construction sociale ;** il se tourne vers l'autre et adore travailler en groupe, imaginer et organiser des jeux avec d'autres enfants du même âge et du même sexe. Il noue de véritables amitiés, et sa vie sociale commence à s'étendre au-delà du cercle familial.

Durant cette phase, l'enfant a besoin d'amour, de respect, de sécurité et d'une indépendance un peu plus grande à l'école comme à la maison. Il a besoin de créer des liens, d'avoir de multiples expériences culturelles et de passer de longues heures à l'extérieur et au contact de la nature.
Pour cela, les environnements adaptés restent toujours la maison, ainsi que les deux cycles de la classe élémentaire Montessori. Dans le premier plan de développement, il s'agissait de confier les « clés du monde » à l'enfant ; dans le second, **il faut lui donner les « clés de l'univers ».**

24. Le troisième plan : l'adolescence

ou « Ne me dis pas ce que je dois faire »

Le troisième plan de développement est très proche du premier ; c'est une période de grande transformation, à la fois physique, émotionnelle et psychologique. L'enfant entre peu à peu dans le monde des adultes, avec une sensibilité particulière pour la justice sociale et sa propre dignité. Maria Montessori s'est inspirée de la langue allemande pour le décrire, avec le terme « *erdkinder* » : « l'enfant à la Terre ».

> « Si nous avons appelé cette organisation "les Enfants à la Terre" [...], c'est qu'il s'agit, en effet, d'enfants qui pénètrent dans la civilisation par ses origines, c'est-à-dire au stade où les peuples, se fixant à la terre, ouvrirent une ère de vie pacifique et de progrès civil [...]. » (M. Montessori, *De l'enfant à l'adolescent.*)

Entre 12 et 18 ans, physiquement, l'enfant change énormément. C'est la puberté, avec tous ses chamboulements hormonaux et ses pics de croissance. L'enfant devient alors plus vulnérable : il est plus facilement fatigué, malade, et a beaucoup moins d'énergie que lors de la phase précédente. Une alimentation saine et une bonne hygiène de vie sont alors primordiales. L'enfant atteint la maturité sexuelle et commence à être attiré par le sexe opposé.

Pendant le troisième plan de développement, l'enfant est très sensible aux critiques ; ses émotions sont changeantes, il a du mal à les contrôler, et il manque souvent de confiance en

lui. Il a un grand besoin d'appartenir à un groupe, de s'intégrer et de ressembler à ses pairs.
L'apparence est d'ailleurs très importante pour lui. Il vit une période de doute, oscillant entre l'enfance et l'âge adulte.
Il se demande qui il est vraiment. C'est une période qui peut être difficile pour lui, au cours de laquelle il se plonge souvent dans des activités créatives comme la musique, la danse, l'écriture, l'art...

L'adolescent est un explorateur social et humaniste : il cherche des modèles à suivre, a envie d'apporter sa contribution à la société et de faire entendre sa voix, pour y trouver sa place. Cela passe souvent par le rejet de l'autorité et par la formation de groupes qui s'apparentent à une petite société, avec ses règles et son langage, où il trouve reconnaissance et affirmation.

Lors de cette période, l'enfant a besoin d'amour (encore et toujours !), de respect et de sécurité. Il cherche aussi une

certaine indépendance financière et émotionnelle vis-à-vis de sa famille. Ce besoin d'espace est indispensable pour construire sa confiance en lui, pour comprendre qui il est en dehors du cercle familial et pour avoir la liberté d'explorer son identité (sexuelle notamment). Pour entrer sur le chemin de l'âge adulte, il doit comprendre quelle est sa place dans la société et dans l'histoire.

Un internat autogéré par des ados ?

Maria Montessori imagine l'environnement du troisième plan de développement comme un internat : une école éloignée de la maison, où les adolescents apprennent à vivre en communauté, à comprendre les bases de la construction d'une société et à répondre à leurs propres besoins. Ils y trouvent à la fois indépendance et sécurité, limites et soutien, en dehors du cercle familial, et ont surtout la possibilité de mener à bien des projets responsabilisants en collaboration avec leurs pairs.

Il s'agit souvent d'une petite entreprise – une ferme, par exemple – que gèrent des adolescents guidés et soutenus par leurs éducateurs. Il en existe très peu en France. Certains collèges s'en inspirent cependant, souvent sans la possibilité de loger en internat.

« Il faut que les maîtres observent le plus grand respect à l'égard des jeunes personnalités : dans l'âme de l'enfant sont cachées de grandes valeurs ; c'est dans l'esprit de ces jeunes garçons et de ces jeunes filles que réside tout notre espoir de progrès pour l'avenir. » (Maria Montessori, *De l'enfant à l'adolescent.*)

25. Le quatrième plan : la maturité

ou « Que puis-je faire ? »

Le quatrième plan de développement se déroule de 18 à 24 ans ; c'est le temps où le jeune adulte apprend à croire en lui et en ses capacités, devient responsable et agit en utilisant les pouvoirs de son intellect.

C'est une période calme, sans grands changements physiques ou émotionnels, pendant laquelle sa santé est robuste. S'il n'a pas rencontré trop d'obstacles lors des phases précédentes, le jeune adulte trouve la stabilité et s'épanouit intellectuellement et émotionnellement.

L'âge de raison et des choix

Physiquement, le jeune adulte ne grandit plus : son corps est mature, seuls son poids ou sa force peuvent varier dans le temps. Durant cette phase, il devient conscient de lui-même et des autres ; il a une grande conscience morale et sociale, qui développe en lui un important sens des responsabilités.
Il est maintenant capable de trouver son identité et sa personnalité en dehors d'un groupe, car il a une plus grande confiance en lui et ses relations avec les autres s'apaisent.

C'est le moment idéal pour choisir sa vie : un métier, une carrière, des relations amicales et sentimentales stables… Il est capable d'assumer ses choix, ce qui lui permettra peu à peu de mieux comprendre son potentiel et ses limites.
L'environnement adapté pour cela sera l'université, l'école de son choix, ou le lieu de travail qui correspond à ses valeurs et à ses objectifs. Il est prêt à transformer son environnement !

26. Observer pour mieux comprendre

C'est une règle essentielle. L'observation est la base, l'outil essentiel de la théorie et de l'enseignement Montessori. Pour Maria Montessori, c'est un art, une expertise qui s'acquiert au fil de la pratique quotidienne.

Le Dr Montessori étudiait et apprenait constamment des éléments collectés par son observation scientifique des enfants, ce qui lui permettait de solidifier et d'améliorer sa méthode.
Pour Maria Montessori, il s'agissait d'une obligation envers chaque enfant, d'une attention indispensable pour accompagner son développement. L'observation est une façon d'analyser chaque détail sans jugement et sans prédiction.
Quand l'observation est réalisée correctement, elle permet d'identifier les besoins de l'enfant et de lui proposer l'activité adéquate pour son évolution. **Plus on pratique l'observation, mieux on la maîtrise et plus on comprend l'enfant et ses aspirations.** Elle est vitale pour guider l'enfant à l'école ou à la maison.

Voici quelques conseils pour devenir un bon observateur :

- **Souvent, nous culpabilisons parce que nous pensons ne pas jouer ou interagir suffisamment avec notre enfant ;** pourtant, il est très important de lui laisser des temps de jeu individuels, surtout s'il ne réclame pas notre présence. Il s'agit même d'un moment privilégié pour l'observer discrètement et pour le laisser faire, sans intervenir (sauf en cas de danger, bien sûr, ou s'il exprime une trop grande frustration).

Vous serez parfois surpris par la ténacité de votre enfant, qui ne cessera d'essayer jusqu'à ce qu'il parvienne à atteindre son objectif (se retourner sur le ventre, ramper pour attraper un jouet, faire un puzzle, une construction...). La satisfaction d'avoir réussi seul se lira sur son visage !

- **Tenez un journal d'observation :** régulièrement, écrivez ce que vous observez. Commencez par écrire la date et l'heure, la météo et votre humeur du jour.

- **Le plus important** (et parfois le plus difficile, au début) **est de noter en toute objectivité ce qui se passe sous vos yeux,** et non votre interprétation de la situation.
  Par exemple, si votre enfant tourne la tête en direction de la fenêtre, écrivez « il tourne la tête vers la gauche/la droite »

plutôt que « il regarde l'oiseau qui s'est posé près de la fenêtre ». En effet, vous ne savez pas ce que votre enfant regarde réellement, ce qu'il pense, ce qu'il imagine ; dire qu'il regarde l'oiseau, ou même la fenêtre, ne constitue qu'une interprétation de votre fait.
Décrivez simplement ce que vous voyez. Notez aussi les changements que vous aimeriez faire dans votre environnement en fonction de ces observations, ou bien le matériel que vous aimeriez présenter à votre enfant. Cela vous aidera beaucoup à comprendre ses besoins et à prendre des mesures concrètes pour adapter votre environnement en conséquence.

- **Si vous ressentez le besoin de noter vos interprétations ou vos jugements, ajoutez une colonne à droite de vos observations.**
Tenir un cahier d'observation vous donnera la possibilité de suivre plus facilement l'évolution de votre enfant, de mieux reconnaître et comprendre ses besoins, et d'avoir confiance en vos choix pour votre enfant !

« Observez les jeunes enfants, observez-les où qu'ils soient, peu importe le contexte. »
(M. Montessori, *l'Enfant est l'avenir de l'homme*.)

27. L'enfant est unique
Suivez-le !

Maria Montessori nous invite à croire dans l'immense potentiel de l'enfant. Son approche scientifique et son observation des enfants pendant un demi-siècle lui ont permis de découvrir qu'il naît avec le besoin intrinsèque d'apprivoiser son environnement.

Les besoins fondamentaux de l'être humain et les périodes sensibles de son apprentissage, combinés avec sa capacité d'absorption des informations, font que l'enfant a tous les outils à sa disposition pour son développement.
Les recherches en neurosciences ont identifié ces périodes de stimulation qui permettent au cerveau de se développer, en particulier les neurones miroirs qui sont essentiels dans les processus d'imitation et donc d'apprentissage.

Nous devons non seulement croire en l'immense potentiel de l'enfant, mais également reconnaître la singularité de chacun. Chaque enfant suit son propre chemin. Avec cette certitude à l'esprit, nous devrions nous réjouir de la personnalité unique de notre enfant, plutôt que de nous lancer dans des comparaisons inutiles.

Mieux comprendre le développement humain, les processus d'apprentissage, les différents tempéraments et caractères de l'enfant, voilà qui nous aide à accepter et respecter chaque individu, même (et surtout) les plus jeunes.

> « Nous devons aider l'enfant à agir par lui-même, à vouloir par lui-même, à penser pour lui-même ; c'est l'art de ceux qui aspirent à servir l'esprit. »
> (M. Montessori, *Éducation pour un nouveau monde*.)

28. La liberté et ses limites

La pédagogie Montessori : entre fermeté et bienveillance

Manque ou excès de discipline sont souvent attribués à la méthode Montessori. Évidemment, il s'agit de préjugés bien éloignés de la réalité.

L'environnement Montessori est conçu pour promouvoir l'autorégulation. **Un seul exemplaire du matériel pour chaque activité est disponible pour vingt enfants, ce qui évite la compétition et incite à la patience.** La séquence d'exercices de plus en plus difficiles encourage les enfants à une certaine discipline.
Le fait que la liberté se gagne par une attitude responsable est capital dans la philosophie Montessori. En démontrant qu'il a intégré ces règles, l'enfant obtient plus de liberté.

Un exemple simple : l'enfant est libre de choisir une nouvelle activité uniquement si le matériel de l'activité précédente est rangé correctement. L'environnement Montessori incite à la volonté et à la maîtrise de soi au quotidien.

29. Les trois degrés d'obéissance de l'enfant

Nous savons maintenant que chaque enfant qui naît est prêt à apprendre et à s'adapter à sa culture et à son temps. Pourtant, nous avons souvent des attentes et une certaine idée de ce qu'il devrait ou ne devrait pas faire ; nous oublions parfois que l'enfant a besoin de temps et d'être guidé pour comprendre et intégrer les normes sociales, et ce qui est acceptable ou non.

En tant que parents, nous nous efforçons de croire en l'autodiscipline, ce concept dont nous rêvons tous et que nous souhaitons inculquer à notre enfant. Mais qu'on se le dise : c'est un travail de longue haleine...
Maria Montessori définit chez l'enfant ce qu'elle appelle les « trois degrés de l'obéissance ». Ce sont des étapes par lesquelles l'enfant doit passer avant de pouvoir comprendre et appréhender les règles établies dans la famille, dans la classe et plus largement dans sa culture.
Connaître ces trois étapes permet de comprendre certains comportements de l'enfant et de le guider au mieux.

Les trois degrés de l'obéissance (selon le point de vue de l'enfant)

1. Au début, je n'ai aucune notion de discipline. Je suis guidé par une force de vie que je ne peux contrôler : je dois tout explorer, toucher, goûter, sentir... C'est mon guide intérieur qui me pousse à faire tout cela, et je ne peux l'en empêcher.

2. Plus tard, je commence à savoir ce qui est acceptable ou non. J'ai acquis de nombreuses et nouvelles compétences qui ont fait grandir la confiance que j'ai en moi-même et qui me

permettent de faire ce que l'on me demande de faire.
Mais je suis encore en pleine construction de ma volonté, et je ne la contrôle pas toujours. Je travaille sur mon impulsivité et sur le contrôle de mes émotions, et je connais les règles ; d'ailleurs, je suis parfaitement capable de les répéter et de repérer lorsque quelqu'un ne les suit pas. Pourtant, j'ai encore besoin qu'on soit patient avec moi et qu'on m'offre des choix limités, pour que je puisse continuer à développer, contrôler et utiliser ma volonté à bon escient.

3. Maintenant, je suis capable de me contrôler et je sais qu'un cadre clair et des limites m'apportent joie et sécurité.
Je suis maintenant capable d'obéir avec plaisir. Ce n'est pas quelque chose que les autres peuvent maîtriser : la véritable notion d'obéissance vient de l'intérieur et quand mes besoins sont satisfaits, je suis très heureux d'apporter ma contribution à ma communauté, en faisant preuve de contrôle de soi, d'autodiscipline, de compassion et de patience.

C'est lorsque l'enfant a suffisamment développé sa volonté, ses compétences cognitives et ses expériences qu'il peut atteindre ce troisième degré.

« L'obéissance ne dépend pas seulement de la "bonne volonté". [...] Une certaine habileté et un certain degré de maturité sont nécessaires pour pouvoir exécuter l'ordre ; l'obéissance devrait par conséquent être considérée relativement aux conditions vitales et au développement. [...] si l'enfant n'est pas encore maître de ses actes, s'il ne réussit pas encore à obéir à sa propre volonté, il réussira d'autant moins à obéir à la volonté d'autrui. » (M. Montessori, *l'Esprit absorbant de l'enfant.*)

30. La bonté naturelle de l'enfant

Tous les enfants ont les mêmes besoins essentiels, uniques et universels. Une fois satisfaits, ils leur permettront de s'épanouir et de se révéler.

Grâce à son travail, le Dr Montessori a découvert que l'enfant est naturellement heureux, enthousiaste, généreux, concentré, tourné vers les autres.

Une croyance essentielle

Chaque enfant évolue suivant les plans de développement, mais il possède son propre rythme d'apprentissage qui doit être respecté. En lui fournissant un environnement adapté à ses besoins de liberté et d'entreprise dans les domaines qui l'intéressent, en lui permettant de répéter une activité autant de fois qu'il le désire, l'enfant montrera alors ses immenses capacités. Nous appelons ceci « l'enfance normalisée ».
En observant une classe Montessori, on est parfois frappé par l'harmonie et l'atmosphère de quiétude dégagée par un groupe d'enfants concentrés.

31. La méthode Montessori à la lumière des neurosciences

De nombreuses découvertes en neurosciences ont confirmé les théories et les observations du Dr Montessori :

- **La main, l'outil du cerveau.** La main représente le principal outil pour collecter les informations à destination du cerveau. Elle joue donc un rôle fondamental dans l'apprentissage. Comme dans la pédagogie Montessori, la pratique produit un meilleur résultat que la simple observation. Les activités sensorielles utilisant la main développent le toucher et la dextérité des doigts, utiles à l'apprentissage de la motricité fine.

- **Périodes sensibles.** Récemment, les neurosciences les ont identifiées comme des périodes essentielles où le cerveau nécessite une stimulation accrue pour assurer son bon développement.

- **Réseaux de neurones.** Nous savons que certaines activités stimulent leur développement, comme la répétition chez les enfants (0-6 ans) pour qui c'est une tendance naturelle dans l'acquisition des compétences. Cette pratique de la répétition est un outil important dans la pédagogie Montessori. Les expériences sensorielles sont un autre moyen de les développer (3-6 ans).

- **Neurones miroirs.** Les neurones miroirs sont stimulés lorsqu'un individu exécute une action ou lorsqu'il observe un autre individu le faire. C'est exactement ce que Maria

Montessori avait identifié et défini comme « l'esprit absorbant ». La méthode Montessori, les « environnements préparés », le matériel pédagogique et la façon dont il est présenté ainsi que les âges mixtes et la répétition des leçons s'appuient sur cette faculté d'imitation pour l'apprentissage.

- **Fonctions exécutives.** De récentes recherches ont montré que les fonctions exécutives sont essentielles à l'adaptation, la flexibilité mentale, l'attention : autant de caractéristiques encouragées dans l'environnement (la salle de classe) Montessori.

2. La répétition, le ciment du cerveau

Le cerveau humain est un organe absolument extraordinaire et si complexe que nous ne connaissons pas encore tous ses mystères. Plus puissant que n'importe quelle machine, il a l'incroyable faculté d'apprendre tout au long de la vie. Cette capacité est particulièrement remarquable chez le tout-petit. Le cerveau ne représente qu'environ 2 % de notre poids total, et pourtant, il utilise 20 % de l'énergie que nous produisons !

Faisons un zoom sur notre cerveau :

Qu'est-ce qu'un neurone ?

Notre cerveau est composé, comme n'importe quel organe, de cellules. Mais ces cellules sont particulières, de par leur fonctionnement et leur forme (elles ne sont pas rondes et compactes comme la plupart des cellules, mais présentent de multiples branchements, semblables à un arbre). On les appelle les neurones.

On estime que le cerveau humain en comporte entre 86 et 100 milliards, dès la naissance ! Mais ces neurones n'apparaissent pas par magie : ils sont le résultat de divisions cellulaires successives qui ont lieu durant la grossesse.

Qu'est-ce qu'une synapse ?

Une synapse est une connexion entre deux neurones. En effet, les neurones sont des cellules disjointes ; moins de la moitié des 100 milliards que nous évoquions précédemment forment un réseau à la naissance : le reste est à venir.

Chaque expérience nouvelle, chaque apprentissage active des neurones, qui se connectent alors pour former une connexion synaptique. Les multiples connexions créent un véritable

réseau de neurones, des circuits semblables à un réseau routier, la base de l'architecture de notre cerveau.
On compte entre 1 000 et 10 000 synapses par neurone ! Chez le bébé, le cerveau se modifie à chaque seconde : deux millions de synapses se créent à chaque minute de sa vie. On parle alors de plasticité cérébrale.

La plasticité cérébrale
C'est la capacité du cerveau à moduler sa structure pour mieux répondre aux problématiques de l'environnement que l'on rencontre dans notre vie humaine. Elle est très importante chez l'enfant, puisque son cerveau est en pleine construction. Mais elle existe également à l'âge adulte : il est toujours possible de modifier son cerveau et d'apprendre, tout au long de la vie, même si cette plasticité est moins impressionnante que chez l'enfant jusqu'à 15/20 ans.
Chaque fois qu'elle est mobilisée, une synapse se renforce ; le circuit en question devient plus fort, plus rapide et plus efficace chaque fois qu'une expérience se répète.
C'est pourquoi la répétition est si importante pour les apprentissages, à tout âge mais en particulier chez l'enfant.
L'expérience répétée devient familière, plus facile, ajustée par les informations reçues de l'environnement. Celles-ci créent de nouvelles connexions qui étoffent d'autant plus le réseau synaptique. C'est un phénomène fascinant :
chaque apprentissage, chaque répétition modifie la structure de notre cerveau ! C'est pourquoi il est très important de ne pas interrompre son enfant, comme le soulignait Maria Montessori avant même que ces découvertes en neurosciences ne soient faites : lorsqu'il se concentre et qu'il répète de nombreuses fois la même action, il construit son cerveau !
Il est important de retenir que la plasticité cérébrale existe toujours à l'âge adulte, même si elle est moins rapide que durant l'enfance ; ainsi, en tant que parents, de nouvelles

connexions se forment au contact de notre enfant. Nous aussi, nous faisons des erreurs et nous apprenons par répétition d'expériences. Mais il faut du temps pour modifier notre structure cérébrale.

Si vous décidez de vous lancer dans une parentalité bienveillante en appliquant les principes de la discipline positive, par exemple, c'est autant de nouvelles connexions qu'il vous faudra créer et renforcer en lisant, en pratiquant, etc. Avec le temps, ces connexions seront suffisamment solides pour nous permettre d'appliquer ces principes naturellement et facilement !
Soyez donc patients avec vous-même : tout s'apprend, même la parentalité !

33. Nos actions et habitudes construisent le cerveau de nos enfants

Reprenons cette notion de plasticité cérébrale que nous venons d'aborder. Chez le tout-petit, dans les cinq premières années de la vie, chaque expérience, chaque contact avec l'autre crée des synapses à une vitesse phénoménale.

C'est pourquoi il cherche à tout explorer, toucher, voir, entendre : c'est la période où il apprend le plus rapidement, le plus naturellement, sans même en avoir conscience ni produire d'effort particulier.

Par l'exploration, la manipulation, il crée des synapses ; mais il en forme également en observant, en étant le témoin de situations, d'attitudes, de gestes, de langages, qui activent des « neurones miroirs ».

L'importance des « neurones miroirs »

Les « neurones miroirs »ont été découverts dans les années 1990 par Giacomo Rizzolatti, un scientifique italien, quand il se rendit compte que lorsqu'un singe fait une action devant un autre qui l'observe, les deux singes activent les mêmes zones de leur cerveau (comme si l'observateur faisait lui-même l'action).
C'est grâce à ces neurones miroirs que nos enfants apprennent par imitation notre langage verbal et non verbal, nos mimiques, nos actions et nos comportements, positifs comme négatifs. Or cela correspond parfaitement au concept d' « esprit absorbant » que décrit Maria Montessori : l'enfant absorbe tout !

Maturation cérébrale du jeune enfant

Ainsi, le cerveau de l'enfant possède près d'un million de milliards de connexions synaptiques après quelques années, alors que celui de l'adulte n'en a « que » 300 000 milliards : cela s'explique par un phénomène qu'on appelle l'élagage synaptique, lequel permet à l'enfant qui grandit de devenir un « spécialiste » du langage, des comportements et des apprentissages qu'il utilise et rencontre le plus dans son environnement, et dont les connexions sont les plus fortes.
Les connexions les moins mobilisées durant ces années de grande construction sont éliminées progressivement.
Ainsi, le cerveau conserve les expériences qu'il a le plus souvent rencontrées, qu'elles soient positives ou négatives.

L'adulte est un modèle

Nous sommes donc un modèle pour notre enfant : toutes les interactions que nous avons avec lui le plus fréquemment, toutes les expériences que nous lui permettons de vivre sur la durée forment des connexions durables qui seront conservées après l'élagage synaptique. Il n'est donc pas raisonnable d'attendre de notre enfant un comportement que nous n'avons pas nous-même et qu'il n'a donc pas expérimenté...
Par conséquent, les parents, mais également l'entourage proche, la nourrice, les professionnels de la petite enfance et les enseignants qui passent du temps avec l'enfant ont un grand rôle à jouer dans sa construction neuronale.

Dans les classes Montessori, l'accent est mis sur la « grâce et la courtoisie » : l'éducateur agit comme un modèle, par sa posture, son langage et sa façon de s'adresser à l'autre, car il sait que l'esprit absorbant de l'enfant retient tous ses comportements.

34. Faire seul pour développer les fonctions exécutives

Dans notre quotidien d'adulte, nous savons à quel point il est important de pouvoir gérer son impulsivité, organiser son travail, comprendre des consignes ou des règles et les respecter, et s'adapter au changement, que ce soit au travail, à la maison ou dans nos relations sociales. Mais toutes ces compétences ne sont pas innées : elles s'apprennent et se développent tout au long de l'enfance et encore à l'adolescence. Ce sont des processus cognitifs que l'on appelle « fonctions exécutives ».

Les fonctions exécutives nous permettent de réguler nos actions, nos pensées et nos émotions : elles coordonnent toutes les autres facultés cognitives (par exemple, le langage ou le mouvement) et jouent un rôle comparable à celui d'un contrôleur du trafic aérien, qui accueille et traite les informations pour donner une réponse adaptée à la situation.

Voici les quatre fonctions exécutives principales

- **La flexibilité cognitive, c'est-à-dire la capacité de passer d'une idée à une autre,** d'une activité à une autre de façon fluide, et donc de s'adapter aux changements de situation.

- **La mémoire de travail, c'est-à-dire l'appropriation, la conservation et la manipulation des informations** que l'enfant perçoit dans son environnement.

- **L'inhibition, c'est-à-dire la capacité de gérer son impulsivité, d'attendre, de raisonner avant d'agir** et de se concentrer sans se laisser distraire par son environnement.

- **La planification, c'est-à-dire la capacité de prioriser des tâches,** d'agir de façon structurée et organisée, de gérer son temps, et donc d'anticiper.

Le rôle du cortex préfrontal et sa maturation

Le cortex préfrontal (situé derrière le front) joue un grand rôle dans le développement de ces fonctions exécutives : c'est lorsqu'il peut se connecter à toutes les autres zones du cerveau que ces fonctions se mettent en place, formant un circuit de plus en plus solide (et donc de plus en plus disponible) au fur et à mesure des expériences de l'enfant. Sachant que le cerveau se développe de l'arrière vers l'avant, il est logique que cette zone mette un certain temps (plusieurs années, précisément) avant d'arriver à maturation ; c'est pourquoi l'enfant de 2 ans, par exemple, n'est pas encore capable de s'adapter facilement à un changement soudain, d'attendre son tour ou de partager son jouet. Ce n'est pas qu'il ne le veuille pas, mais son cerveau n'est pas encore assez mature pour cela : ses fonctions exécutives sont loin d'être aussi développées que celles d'un adulte ou même d'un enfant plus grand. Chez le bébé et le tout-petit, il est donc très facile de confondre caprice et immaturité cérébrale !

Se contrôler prend du temps

Le développement des fonctions exécutives représente donc un long chemin vers l'autonomie, la gestion des émotions, l'empathie, la concentration et plus généralement une vie structurée et harmonieuse.
Pour favoriser ce développement, il est primordial de laisser à l'enfant l'opportunité de faire seul, dans des situations de la vie quotidienne qui lui permettront progressivement de se concentrer, de contrôler ses gestes, de trouver des solutions à

des problématiques de plus en plus complexes.
Cela passe par des activités très simples que l'on peut faire à la maison, mais parfois tellement évidentes qu'elles ne nous viennent plus à l'esprit : s'habiller seul, mettre ses chaussures, se laver les mains, éplucher une clémentine pour le goûter, verser de l'eau dans un verre puis étancher sa soif… C'est pour cela qu'on propose tant d'activités individuelles dans les classes Montessori : pour que l'enfant ait l'opportunité de faire par lui-même et pour lui-même.

Il convient de procéder par étapes en fonction des capacités de votre enfant. Par exemple, n'attendez pas d'un enfant de 18 mois qu'il enlève seul son pantalon, du jour au lendemain : commencez par collaborer, en baissant le pantalon ensemble ; peu à peu, il pourra le baisser lui-même et, plus tard, il saura l'enlever complètement.
Et, pendant ce temps, de nombreuses connexions neuronales se renforcent !

Montessori à l'école

**Aux quatre coins du monde,
des écoles appliquent
la pédagogie Montessori ;
elles partagent une même méthode,
un matériel identique,
mais surtout une philosophie
et un objectif communs :
soutenir l'enfant dans
son développement naturel.**

35. L'environnement Montessori dès trois mois (période prénatale-2 ans)

Pour respecter ce principe essentiel : « l'enfant est unique, suivez-le », il faut lui offrir un environnement approprié à ses besoins et préparé pour promouvoir son développement physique, intellectuel et émotionnel.

Selon la méthode Montessori, en dehors de ce cocon familial, d'autres structures peuvent être préparées pour l'enfant :

- **Le Nido (« nid » en italien) est l'environnement pour les nouveau-nés (12 semaines) jusqu'au moment où ils marchent.** Il offre des outils simples pour encourager leur besoin de se mouvoir, des mobiles d'éveil pour stimuler leurs fonctions sensorielles, des objets en matières naturelles à manipuler pour développer et raffiner le mouvement de leurs mains – tout cela bien sûr avec l'amour et l'attention bienveillante des adultes. Le nourrisson a ainsi un environnement idéal propice à son développement psychologique et à sa liberté de mouvement.

- **La Communauté enfantine va satisfaire les besoins de l'enfant qui découvre la marche.** Grâce à cette nouvelle mobilité, l'enfant aura l'opportunité d'améliorer son équilibre, de travailler avec ses mains et d'appréhender le nouvel espace qu'il peut maintenant explorer. C'est aussi le moment pour lui de s'initier à l'acquisition du langage, à la courtoisie, et de se préparer à la propreté avec l'utilisation des toilettes.

« Pour aider un enfant, on doit lui fournir un environnement lui permettant de grandir librement. Un enfant passe par une période de réalisation de soi, et nous devons nous contenter de lui ouvrir cette porte. » (Maria Montessori, *l'Enfant*.)

36. L'environnement Montessori (+ 2 ans)

Dès la maison et le Nido, les enfants ont la possibilité de connaître les bases essentielles de la pédagogie Montessori grâce à un environnement adapté.

La Maison des enfants (ou la Casa) accueille les enfants vers 2 ans 1/2 jusqu'à 6 ans. Ils doivent avoir acquis les rudiments du langage, faire preuve de maturité, d'indépendance, et pouvoir plus ou moins se rendre aux toilettes seuls. Les enfants restent en général trois années dans cet environnement. Grâce au maniement d'un matériel pédagogique adapté, ils apprennent l'écriture, la lecture, l'arithmétique, sont sensibilisés à l'environnement sensoriel et musical, s'ouvrent à la botanique, à la géographie, à la science…

Le premier cycle élémentaire est créé pour les enfants de 6 à 9 ans afin d'approfondir les concepts acquis dans la Maison des enfants en leur proposant des principes philosophiques plus larges. Dans cet environnement, l'éducateur donne à l'enfant les « clés de l'univers ».

Le second cycle élémentaire s'adresse aux enfants de 9 à 12 ans qui continuent d'élargir leurs connaissances, leurs centres d'intérêt et reçoivent les fondements d'une « éducation cosmique ».

L'orientation Montessori pour adolescents donne aux jeunes de 12 à 18 ans l'opportunité de développer leur personnalité, d'explorer les principes de la collaboration et de comprendre comment ils peuvent contribuer à la société qui les entoure. Ce programme s'effectue de préférence loin de leur famille.

37. L'« éducation cosmique »

Comprendre l'univers pour s'y orienter

Une fois que l'environnement de la Maison des enfants ne lui apporte plus suffisamment et qu'il présente les caractéristiques et les besoins du second plan de développement, l'enfant est prêt pour le premier cycle élémentaire.

Maria Montessori désigne ce programme comme une « éducation cosmique » qui doit permettre à l'enfant d'appréhender et de comprendre l'univers, dont tous les éléments sont interconnectés, et dont il fait partie. Elle se décline en cinq « Grands Récits », qui suscitent la curiosité et le goût d'apprendre tout au long de la vie.

> « [...] une manière de révéler le Plan Cosmique à l'enfant par le récit passionnant de l'histoire de la Terre et de ses multiples transformations tout au long des ères, du temps où l'eau était l'instrument docile et le plus important de la Nature. »
> (M. Montessori, *Éduquer le potentiel humain*.)

Ces récits sont écrits avec un langage riche et précis, à la fois réaliste et mystérieux, qui répond à l'esprit de raisonnement et à la grande imagination de l'enfant de plus de 6 ans.

Ils relatent des histoires liées entre elles qui donnent une vision large de l'univers. Ces histoires forment un cadre à partir duquel découlent des apprentissages clés, et qui donne à l'enfant l'opportunité de découvrir des sujets qui le motivent et qu'il pourra explorer plus en profondeur. Les trois premiers « Grands Récits » se concentrent sur le cosmos et la planète, tandis que les deux derniers portent sur l'apparition de l'être humain.

Les cinq « Grands Récits » sont les suivants

1. La formation de l'univers et de la Terre
Il introduit les autres grands récits et les six années d'exploration et de travail du cycle élémentaire. Il débute par la création de l'univers et se termine par la création de la Terre. Ce récit invite les enfants à imaginer un temps avant notre univers, à soulever les questions les plus profondes de la vie humaine et à comprendre que tout ce qui existe à la même origine et forme une unité. Cette histoire est à la fois théologique et scientifique et introduit les sciences comme l'astronomie, la physique, la chimie, la géologie, la géographie mais aussi la philosophie.

2. L'histoire de la vie sur Terre
Elle met en avant la grande diversité de la vie et le rôle de chaque être vivant sur notre planète. Cette histoire nous permet de comprendre comment la Terre, l'eau, l'air suivent des lois naturelles, comment la vie est apparue sur Terre et a gagné progressivement en complexité jusqu'à l'arrivée de l'homme. À la fin de ce récit, on déroule une grande frise qui représente l'incroyable diversité des formes de vie qui ont évolué sur la planète depuis sa création. Cette histoire permet d'introduire des disciplines comme la biologie, la zoologie, la botanique, l'histoire naturelle et l'écologie.

3. L'histoire de l'Homme
Ce récit se concentre sur les caractéristiques spécifiques de l'humanité, comme l'intelligence ou le travail manuel qui nous distinguent des autres animaux. Cette histoire introduit l'anthropologie, l'histoire et les sciences sociales.

4. L'histoire de l'écriture
Elle explore le développement de l'écriture, depuis les peintures préhistoriques jusqu'à l'écriture de l'enfant, et souligne le pouvoir de l'écrit, qui nous permet de communiquer malgré la distance et le temps. Cette histoire introduit les concepts du langage, de l'art et de l'écriture créative, entre autres.

5. L'histoire des mathématiques
Ce récit dévoile les origines des mathématiques et des nombres, ainsi que la façon dont les cultures les ont utilisés pour explorer et inventer. Il permet d'approcher l'histoire, à nouveau, et tous les domaines des mathématiques, y compris la géométrie.

Ces « Grands Récits » sont racontés une ou deux fois durant l'année, et les enfants apprécient de les découvrir et les redécouvrir encore. Au-delà de la découverte des origines du monde et de notre civilisation, ces histoires procurent un sentiment de reconnaissance pour le travail de milliers d'anonymes qui ont contribué à la création d'outils, de structures et d'organisations qui ont fait de notre vie celle qu'elle est aujourd'hui. Mais elles permettent également aux enfants de reconnaître l'équilibre parfait de la nature, le rôle indispensable qu'y joue chaque animal et chaque plante, et plus largement les notions d'unité et d'harmonie de notre planète. Il est bien sûr capital de transmettre à l'enfant l'idée que nos actions ont un impact sur toutes les autres formes de vie terrestres et que l'équilibre de la nature est particulièrement fragile aujourd'hui. En somme, il s'agit d'une belle sensibilisation à l'écologie.

> « Le secret pour réussir dans l'enseignement réside dans le fait de considérer l'intelligence de l'enfant comme un champ fertile où jeter des graines pour qu'elles germent sous le soleil de l'imagination.
> Il en découle que notre méthode ne se limite pas à vouloir faire comprendre les choses à l'enfant et encore moins à l'obliger à les mémoriser, mais qu'elle vise surtout à frapper son imagination pour susciter son enthousiasme le plus vif. »
> (Maria Montessori, *Éduquer le potentiel humain*.)

38. L'enfant, maître de la classe

Autonome et responsable

Sachant que les enfants ont le désir d'apprendre et de se construire eux-mêmes, la classe Montessori est organisée pour qu'ils puissent librement choisir l'activité appropriée à leurs besoins.

Ambiance et organisation particulières

L'environnement (la classe) Montessori dégage une apparence et une atmosphère particulières. Dans une classe traditionnelle, un professeur décide pour un groupe d'élèves du même âge les leçons du jour. Contrairement à cette approche, dans une classe Montessori, on dit que l'enfant mène son éducation. Imaginez une relation triangulaire entre l'enfant, l'« environnement préparé » et l'adulte. Dans ce nouveau modèle, l'enfant se trouve en haut de la pyramide dans une relation individualisée et réciproque avec l'éducateur et cet environnement « préparé » en fonction de ses besoins. L'adulte est simplement un guide et a trois principales responsabilités :

1. Observer les enfants de sa classe.
2. Identifier des « fenêtres d'opportunité », où chaque enfant semble prêt pour la leçon suivante.
3. Présenter cette nouvelle activité grâce à la manipulation d'un matériel pensé pour le développement de l'enfant, en suivant une séquence logique de leçons.

La classe et le matériel sont organisés et spécifiquement conçus selon l'âge des enfants. Ces derniers sont ainsi encouragés à choisir librement les activités qui les inspirent, à la seule condition que l'éducateur leur ait déjà présenté l'activité.

Puisque les enfants sont d'âges mixtes, ils peuvent apprendre les uns des autres. Un enfant peut donner à un autre une leçon qu'il maîtrise avec l'aval de l'éducateur, ou simplement observer un autre enfant sans l'interrompre.

Tout ceci ne signifie pas qu'il règne une liberté absolue dans la classe, préjugé fréquent envers l'éducation Montessori. Bien au contraire, il existe des règles simples et précises qui doivent être respectées.

39. Je veux des plus grands dans ma classe

Aimeriez-vous travailler ou avoir une vie sociale uniquement avec des gens du même âge ? Dans une classe Montessori, au lieu de grouper les enfants par leur date de naissance, ils le sont en fonction de leurs phases de développement. Comme dans une famille où les enfants apprennent de leurs frères et sœurs, les classes Montessori sont structurées en respectant les quatre plans de développement de l'enfant.

Coopération fructueuse entre grands et petits

En observant les plus grands, les jeunes enfants sont intrigués et motivés par les activités auxquelles ils accéderont le jour où ils seront prêts. Une relation de confiance est nécessaire avec l'éducateur, mais cette relation est aussi tissée avec des enfants plus grands.

Les plus âgés sont en mesure d'approfondir leurs connaissances en partageant avec les plus jeunes une leçon qu'ils maîtrisent. Il est prouvé que l'on améliore sa compréhension d'un sujet quand on l'explique aux autres.

Quand l'enfant intègre la Maison des enfants, il reste dans chaque environnement successif pour une période de trois ans. Dans ce contexte, grâce à la mixité des âges, la coopération est favorisée au détriment de la compétition. Cette collaboration contribue à la quiétude dans la classe et à l'apprentissage de la courtoisie et de la vie en société.

40. Sois mon guide, pas mon maître

Contrairement à la plupart des écoles, dans une classe Montessori, l'adulte n'est pas appelé un professeur mais un éducateur.

L'éducateur Montessori : un observateur bienveillant

L'éducateur est le lien entre l'enfant et l'« environnement préparé ». Pour être en totale harmonie avec les enfants, l'éducateur/guide doit se mettre au service des enfants pour les aider dans leur formation intellectuelle en les accompagnant et en les guidant.
L'éducateur apprend à devenir un observateur scientifique afin de pouvoir fournir à chaque enfant en apprentissage l'aide qui

lui est nécessaire, ou saisir les « fenêtres d'opportunité » aux moments propices. Puisque l'enfant est dans une étape de formation, l'éducateur Montessori doit lui accorder beaucoup de temps pour mieux cerner ses besoins, sa personnalité et ses attentes. Il doit savoir repérer les besoins et les stades de développement spécifiques à chaque enfant afin de pouvoir lui présenter du matériel pédagogique en cohérence avec son propre rythme.

L'éducateur Montessori est dans une posture de retrait. Une fois le matériel pédagogique présenté, l'éducateur ne donne pas les réponses et ne prend pas les objets à la place de l'enfant. Il n'intervient que si l'enfant demande clairement un complément d'aide.
Enfin, l'éducateur, observateur bienveillant, encourage et ne relève pas les erreurs (chaque matériel est autocorrectif), ce qui favorise la confiance en soi de l'enfant.

> « Souvent, il est suffisant de montrer simplement comment on se sert de l'objet. Mais quand il faut parler et initier l'enfant à l'usage des différents matériels, la caractéristique de cette leçon, c'est la brièveté. » (M. Montessori, *Pédagogie scientifique*.)

41. Je suis intelligent…

« Une école où les enfants font ce qu'ils veulent. »
Ce préjugé sur la pédagogie Montessori est largement répandu, car elle respecte en effet le rythme et la personnalité de l'enfant. On y applique pourtant des règles réfléchies et précises.

Voici comment la liberté de choisir s'applique

Dans ces classes « préparées », conçues pour les différentes phases du développement des enfants, les leçons sont présentées individuellement ou en petits groupes à l'aide du matériel pédagogique approprié. Les leçons suivent une séquence logique et chronologique extrêmement précise, chaque leçon préparant à la suivante.
À partir du moment où une activité adaptée à son âge et à sa progression a été présentée à un enfant, Ce dernier est libre de la choisir et de la répéter autant de fois qu'il le désire jusqu'à sa maîtrise absolue. Il sera alors prêt pour la prochaine étape.

Ceci ne mène nullement au chaos dans la classe, bien au contraire. Puisqu'une majorité des enfants a choisi une activité qui l'inspire, les enfants restent concentrés et peuvent choisir leur travail entre toutes les leçons qui leur ont déjà été présentées.

42. Pour apprendre, j'ai besoin de bouger

Le mouvement, un besoin essentiel pour l'enfant

Contrairement aux règles en vigueur dans les établissements classiques, avec cette image d'un élève assis toute la journée, dans une classe Montessori, l'enfant est libre de ses mouvements dans la mesure où il ne perturbe pas la concentration des autres.

Les tables et les chaises sont conçues pour s'adapter à l'évolution des enfants. Ils peuvent décider de s'asseoir à une table ou sur le sol avec un petit tapis de travail. Ce tapis permet de délimiter la zone de l'exercice et empêche l'enfant d'empiéter sur l'espace du voisin, afin qu'il apprenne à respecter la concentration des autres. Cela lui permet aussi d'acquérir le sens de l'ordre et de diriger toute son attention sur sa leçon.

Le mouvement favorise le développement des circuits neuronaux. Pour certaines leçons, le mouvement fait partie intégrante de la dynamique entre l'éducateur et l'enfant qui doit aller chercher le matériel de l'activité présentée et ainsi satisfaire son besoin perpétuel de bouger.

Dans la classe des 3 à 6 ans, marcher sur la ligne est aussi un exercice quotidien, pratiqué seul ou en groupe, pour développer l'équilibre.

Dans le Nido ou la Communauté enfantine, le mouvement est un élément extrêmement bénéfique pour l'évolution des enfants ; limiter leurs déplacements ne sert qu'aux adultes. Mais cela ne les autorise pas à courir dans la classe. Au contraire, on leur apprend à marcher doucement, avec grâce et courtoisie, sans bousculer les autres. Inventé par le Dr Montessori, qui avait amené un bébé endormi dans une classe de bambins, le jeu du silence est un exercice, non une contrainte, où ils apprennent à rester calmes et silencieux.

43. Je suis concentré, ne me dérange pas

Le secret de l'enfant : son pouvoir de concentration

Quand nous sommes concentrés, notre cerveau est en pleine activité. Nous sommes alors très créatifs et productifs. Pour atteindre cet état satisfaisant où nous produisons le meilleur de nous-mêmes, nous devons être libérés de toute distraction et de toute interruption.

Des cycles de travail ininterrompus

Pourquoi donc interrompre constamment les enfants polarisés sur une tâche ? Dans une classe Montessori, les cycles de travail ininterrompus sont essentiels pour que l'enfant puisse choisir librement ses exercices et ses activités, les compléter et les répéter autant de fois qu'il le désire, ou changer de sujet.

Ce respect de la concentration est bénéfique au développement de l'activité cérébrale chez les enfants. De plus, apprendre à se concentrer dès son plus jeune âge est d'autant plus vital que le monde d'aujourd'hui est rempli de distractions. Évidemment, dans une classe Montessori, le rythme de chacun est respecté. Lorsque les enfants ont besoin d'une pause intellectuelle ou de se dégourdir, ils peuvent discuter discrètement avec un ami, sortir, arroser une plante, se rendre aux toilettes ou se préparer un goûter…

Contrairement aux emplois du temps imposés où les activités sont dictées aux enfants, ces périodes de concentration leur permettent d'approfondir et de maîtriser l'activité qui les inspire.

44. Je veux connaître la réalité pour mieux imaginer

« Donne-moi les clés du monde »

Avant 6 ans, dans la pédagogie Montessori, les enfants apprennent des concepts basés sur la réalité : on leur donne les « clés du monde ». Cela ne leur interdit pas d'imaginer leur propre univers, mais ils reçoivent des connaissances fondées sur des bases concrètes.

Du réalisme avant tout

À cet âge, l'enfant n'a pas la capacité de différencier ce qui est réel de ce qui ne l'est pas. L'imaginaire rend complexe cette période charnière où ils apprennent à apprivoiser le monde qui les entoure. Il faut que leur propre imagination se développe naturellement sans que celle des adultes leur soit imposée. Certaines méthodes, comme celle de Rudolf Steiner, sont basées sur la fantaisie et l'imagination. Maria Montessori, au contraire, ne désirait pas que les enfants reçoivent l'imaginaire des autres, mais préférait leur donner des outils pour qu'ils explorent leur propre pouvoir imaginatif. Elle pensait qu'un enfant vivant uniquement dans un monde féérique courait le risque de se marginaliser, alors qu'en se familiarisant avec la réalité, il ne pouvait que s'épanouir.

La capacité d'absorption des petits enfants avant 6 ans est une autre bonne raison pour rester vigilant sur les informations données. Après cet âge, l'esprit logique est formé et les enfants disposent alors des outils pour trier le vrai du faux.

> « La fantaisie est très intéressante pour les enfants âgés, déroutante chez les plus jeunes. Un enseignement fondé sur la réalité est la meilleure préparation pour développer une imagination créative. Vous devez vous assurer que les histoires qu'on leur raconte sont réalistes, puisqu'à cet âge les enfants cherchent à comprendre la vie autour d'eux. »
> (Dr. Silvana Q. Montanaro, *Understanding the Human Being [Comprendre l'être humain].*)

45. Une organisation universelle des classes

Des écoles à travers le monde

Quelle que soit la partie du monde où se trouvent les écoles Montessori, les classes s'organisent toutes de façon similaire, hormis quelques détails liés à la culture spécifique du pays.

L'enfant dans sa « globalité »

La salle de classe Montessori est conçue pour l'enfant dans sa « globalité ». Elle est constituée d'espaces distincts afin de répondre aux besoins fondés sur les périodes sensibles, « l'esprit absorbant » et les quatre plans de développement. (Voir les règles d'or précédentes.)
Du Nido à l'orientation Montessori pour adolescents, les différentes sections d'une classe sont conçues pour satisfaire la curiosité de l'enfant et stimuler son désir intrinsèque de

connaissances. Les activités sont ainsi divisées en quatre aires matérielles : vie pratique, sensorielle, langage et mathématique.

On trouve dans chaque zone de la salle de classe le matériel didactique adapté à la leçon, lequel évolue selon les classes d'âge. Les leçons sont préparées et présentées pour que les enfants puissent travailler indépendamment. Le matériel lié aux activités que l'enfant choisit librement est rangé dans les étagères de gauche à droite. Le matériel ainsi placé permet à l'enfant de passer des activités simples aux activités plus complexes, du concret à l'abstrait, sans avoir recours à l'éducateur. Les enfants peuvent travailler seuls ou en groupe, selon leurs préférences.

46. L'ingéniosité du matériel Montessori

C'est Maria Montessori qui créa le matériel présent aujourd'hui dans les classes en utilisant ce qui était déjà disponible autour d'elle. En expérimentant et en observant le comportement des enfants, elle décida de ne garder que les outils offrant un bénéfice pédagogique direct. Le matériel didactique est universel, d'une précision scientifique. Il est basé sur ces trois éléments :

1. Isolation de la difficulté

Chaque activité s'accompagne d'un objectif pédagogique. Elle est donc composée d'une succession de difficultés qui représentent la leçon à enseigner. L'éducateur montre l'exercice par des mouvements lents, en isolant tout particulièrement les moments difficiles et importants de la leçon pour s'assurer que l'enfant les observent et les assimilent. Si cet exercice correspond à une « fenêtre d'opportunité », la leçon ne doit pas être trop difficile, pour ne pas décourager l'enfant, ni trop facile, pour ne pas l'ennuyer.

2. Points d'intérêt

L'éducateur met l'accent sur les points d'intérêt, les mouvements ou les expériences sensorielles qui vont aider l'enfant à apprendre la leçon. Ces points constituent des étapes vers l'objectif final. Ils stimulent l'intérêt de l'enfant, attisent sa curiosité et invitent à la répétition. Chaque essai, chaque erreur, chaque tâtonnement, chaque étape rapprochent l'enfant de la compréhension.

3. Contrôle de l'erreur

Chaque activité offre à l'enfant les moyens d'évaluer ses progrès. Les essais, les erreurs, la répétition sont contrôlés par l'enfant, ce qui conforte ainsi sa motivation et son estime de soi. Le contrôle par l'erreur est un aspect essentiel de l'autoéducation.

47. Je veux être indépendant

Vive la vie pratique!

Fascinés par les activités quotidiennes des adultes, les petits s'y exercent depuis leur plus jeune âge. Liens entre la maison et la classe, elles développent leur aptitude à l'autonomie.

Ces activités se divisent en six catégories

1. Les exercices préliminaires : ce sont des bases. Apprendre à verser de l'eau, par exemple, exerce l'habileté des mains et développe la coordination entre les yeux et la main. On débute avec des graines, puis la difficulté s'accentue avec la manipulation de l'eau. L'agilité de la main prépare aussi à l'écriture.

2. Le soin de la personne : se débrouiller seul est essentiel pour devenir indépendant. L'enfant apprend à se moucher, à se laver les mains, à boutonner ses vêtements...

3. Le soin de l'environnement intérieur : prendre soin de son cadre de vie, ce n'est pas simplement apprendre à nettoyer après avoir renversé quelques graines ou de l'eau. C'est aussi l'embellir...

4. Le soin de l'environnement extérieur : en fonction du lieu où se trouve l'école, il faudra arroser le jardin, déblayer la neige, nourrir les animaux...

5. La nourriture : la cuisine est un domaine qui passionne les enfants, toujours prêts à participer ; il leur permet de s'ouvrir à de nouvelles saveurs. Dans une classe Montessori, on encourage les enfants à préparer un repas commun ; dans certaines écoles, ils fabriquent eux-mêmes leur pain.

6. L'initiation à la politesse et à l'entraide : on apprend aux enfants comment saluer, comment ouvrir gentiment une porte. Ils apprennent aussi à respecter la concentration de l'autre.

Comment apprendre à un enfant à se moucher ?

Placez un panier avec des mouchoirs et un miroir à hauteur de l'enfant. Invitez-le à venir se regarder dans la glace. Montrez-lui doucement comment le faire, sans trop lui parler pour qu'il puisse se concentrer sur vos gestes. Invitez-le à répéter l'exercice…
La fois suivante, demandez-lui simplement de se regarder dans le miroir.

48. L'éveil de l'intelligence par les sens

« Rien dans notre intelligence qui ne soit passé par nos sens. » (Aristote)

Le développement de l'intelligence débute chez l'enfant grâce à l'exercice et à l'affinement de ses sensations et de ses sens. Lors de ses trois premières années, l'enfant est en pleine période sensible à l'affinement de ses sens, qui lui donnent les bases du langage. Par l'intermédiaire de ses sens (audition, olfaction, vue, goût et toucher), l'enfant reçoit des images et des informations qui l'aident à comprendre le monde qui l'entoure.

Le matériel sensoriel conçu par Maria Montessori a été influencé par les travaux de Jean Itard, d'Édouard Séguin ou encore du psychologue allemand Wilhelm Wundt (1832-1920), qui fut le premier à élaborer l'activité de la « Tour rose », devenue un symbole de l'éducation Montessori.

Je sens, je touche, je vois, j'écoute, je goûte

Aidé par le matériel sensoriel de la Maison des enfants (à partir de 2 ans 1/2), l'enfant perfectionne ses sens. L'éducateur doit alors fournir à l'enfant des informations précises pour qu'il puisse enrichir ses expériences sensorielles. En explorant ses propres impressions, en affinant sa perception, l'enfant enregistre ces fortes sensations dans sa mémoire.
Les exercices de la vie pratique sont présentés avant le matériel sensoriel pour s'assurer que l'enfant possède toutes les capacités physiques et mentales requises pour en tirer des bénéfices. Ce matériel constitue à son tour une préparation pour la prochaine étape du développement intellectuel et académique.
Pour satisfaire un besoin naturel d'ordonner et de classer, seuls les concepts primaires des sens sont enseignés (par exemple, pour le goût, on parlera des quatre saveurs de base : sucré, salé, amer, acide). Les sens étant complexes, l'enfant se chargera ensuite de créer sa propre interprétation de toutes les nuances.

Pour consolider l'acquisition de ces bases sensorielles, des jeux de mémoire sont utilisés. Quand l'enfant a reçu les bases du matériel sensoriel, il est alors en mesure de l'utiliser pour découvrir à son rythme et explorer plus profondément ses sens, une fois de plus. Cette exploration, qu'il faut encourager, s'opère dans un espace de libre expression sans l'intervention de l'éducateur.

L'enfant possède alors tous les outils pour assimiler des activités plus académiques avec une grande facilité. Le matériel sensoriel est organisé par section dans la Maison des enfants.

La classification du matériel sensoriel :

- **Visuel :** la vue et la capacité de différencier les couleurs, les formes...
- **Auditif :** l'ouïe et la sensibilité auditive.
- **Tactile :** la capacité de différencier la chaleur, la consistance, le poids.
- **Olfactif :** fonction qui permet à l'odorat de s'exercer.
- **Gustatif :** qui relève du goût.
- **L'exploration stéréognostique :** faculté de reconnaître les objets seulement au toucher.

49. Un matériel sensoriel précis

Avec l'intérêt grandissant pour la pédagogie Montessori, une multitude d'activités « inspirées Montessori » abondent dans les classes et à la maison. Prenons un instant pour revenir sur l'essence même et le but de ce matériel, en particulier celui que nous rencontrons le plus : le matériel sensoriel.

Dans la pédagogie Montessori, aucun détail n'est laissé au hasard : tout est pensé, réfléchi, mesuré ; ainsi, le matériel sensoriel comporte des caractéristiques mathématiques précises et utilise le système métrique. Cela permet au jeune enfant qui l'explore et l'utilise d'entraîner ses sens à une grande précision, et ainsi de mieux « voir » et évaluer les distances, le poids, les dimensions.

Barres rouges...

Un merveilleux exemple est celui des Barres rouges, un matériel sensoriel présenté à l'enfant de 3 ans environ, à la Maison des enfants, pour introduire l'expérience sensorielle de la longueur.
Les dix barres sont parfaitement identiques, exception faite de leur longueur : la plus petite mesure dix centimètres, et chaque barre mesure dix centimètres de plus que la précédente.
C'est grâce à sa mémoire musculaire que l'enfant va prendre conscience que la barre d'un mètre est la plus grande, sans même qu'on le lui dise. Et cette notion restera ancrée en lui toute sa vie.

... et tour rose

Un autre exemple est l'emblématique Tour rose, composée de dix cubes : encore une fois, il s'agit d'un matériel sensoriel très précis, qui invite l'enfant à explorer la notion de dimension. Le plus petit cube a des arêtes d'un centimètre, et chaque cube a une arête d'un centimètre de plus que le précédent, le dernier formant un cube de dix centimètres de côté.
Empiler les cubes demande une grande discrimination visuelle, de la coordination et de la précision. Indirectement, l'enfant se prépare à comprendre les racines carrées qu'il abordera bien plus tard en mathématiques. Mais il entraîne également sa main pour l'écriture.
La Tour rose permet aussi d'apporter à l'enfant un vocabulaire plus précis pour explorer davantage et répondre

au besoin de classifier ce qui l'entoure : petit, grand, plus petit que, plus grand que...

Connaître les buts indirects de ce matériel – très simple d'apparence, mais pourtant très riche – est important pour mieux choisir ou mettre en place des activités « inspirées Montessori ».

Les enfants et leur immense potentiel méritent un matériel précis, de qualité, et surtout avec un but défini. Il est primordial de leur donner le meilleur matériel possible pour développer leur intelligence et respecter cette dernière, tout en respectant également le matériel comme il a été imaginé et conçu.

50. Je manipule pour comprendre les mathématiques…

L'esprit mathématique, une compétence innée

Nous naissons tous avec un esprit mathématique pour calculer, estimer et résoudre les situations du quotidien. De toutes les activités présentes dans la Maison des enfants, aucune n'est aussi populaire et n'inspire autant d'enthousiasme que les mathématiques. L'éducation Montessori en offre une approche concrète dès le plus jeune âge, indirectement avec les activités de la vie pratique, puis avec le matériel sensoriel.

On pense trop souvent que les enfants sont trop jeunes pour s'intéresser aux mathématiques. Maria Montessori, au contraire, avait su déceler leur capacité à absorber très tôt la plupart de ses concepts. Elle avait donc conçu des activités préliminaires aux besoins académiques de l'écriture et des mathématiques.

Lorsque les mathématiques deviennent un jeu d'enfants

Quand l'enfant maîtrise les Barres rouges, une des activités visuelles du matériel sensoriel, la première leçon de mathématiques peut être présentée : les barres numériques. Le programme de mathématiques de l'école Montessori suit une séquence précise et introduit le concept des quantités avant celui des chiffres. Le matériel renvoie à des références

visuelles. Par exemple, avec les barres numériques, l'enfant se familiarise avec le fait que la barre n° 1 est plus petite que la barre n° 2, elle-même plus petite que la barre n° 3, etc. Il comprend alors que chaque quantité a une qualité : plus grande, plus petite, plus lourde... C'est seulement quand il aura assimilé la notion de quantité qu'il aura accès aux activités présentant des symboles ou des chiffres.
Dès que l'enfant se sentira à l'aise avec les deux concepts, il sera invité à les associer. Quand tout ceci coïncide avec une période sensible, les mathématiques deviennent un jeu d'enfants...

Le programme de mathématiques dans la classe des 3-6 ans

Première numération de 1 à 10 : exploration sensorielle du nombre et des symboles.
Le système décimal : cube de 1 000 perles dorées.
La numération (11-99) : bande numérique de Séguin et perles.
La mémorisation, avec les tables de l'addition.
Le passage à l'abstraction, avec l'aide du grand et du petit boulier.
Les fractions : exploration sensorielle pour débuter avant d'ajouter, de soustraire et de multiplier.

51. Comprendre le système décimal
les Perles dorées

Avant l'âge de 4 ans, les enfants peuvent appréhender les nombres jusqu'à dix sans difficulté. Cependant, une barrière psychologique qui peut faire obstacle à la capacité de numériser est le sens du nombre ; pour cela, le matériel d'Édouard Séguin s'avère efficace, notamment les barres numériques. Un second obstacle réside dans l'approche des grands nombres, lesquels peuvent représenter un concept très abstrait pour l'enfant. Pour répondre à cette problématique, Maria Montessori a conçu le matériel du système décimal, plus connu sous le nom de Perles dorées.

Les Perles dorées constituent une première approche du système décimal. Comme tout matériel Montessori, il est manipulable, beau et facile à comprendre. Il est constitué :

- **d'unités** représentées par des perles individuelles,
- **de barres** de dix perles,
- **de carrés** de cent perles (composés de dix barres de dix perles, attachées et indissociables),
- **de cubes** de mille perles (composés de dix carrés superposés et indissociables).

Ce matériel est utilisé pour de nombreux concepts mathématiques, du simple dénombrement à l'approche des grands nombres, en passant par l'addition, la soustraction, la multiplication et la division, abordées de façon interactive, concrète et sensorielle. Sans s'en rendre compte, l'enfant se prépare indirectement à aborder des concepts algébriques et géométriques plus complexes. Vous l'aurez sans doute remarqué, l'enfant est fasciné par les grands nombres : les multiples possibilités de ce matériel comblent donc ce besoin de compter toujours plus loin !

52. Aide-moi à m'exprimer

Une compétence majeure de « l'esprit absorbant »

La communication est un besoin fondamental. Il est donc essentiel que le langage fasse partie de l'environnement de l'enfant dès la naissance.

Pendant cette période sensible qui s'étale de la naissance à 6 ans, l'enfant doit être au contact d'un vocabulaire étendu. Pour satisfaire son besoin de communiquer et pour qu'il acquière les rudiments du langage, il est indispensable de lui lire des histoires, de chanter des chansons...

Un apprentissage progressif

Dans la Communauté enfantine, priorité est donnée au langage pour permettre à l'enfant d'exprimer ses besoins dans une période où il a le désir de mettre un nom sur tout ce qui l'entoure. L'acquisition du langage va lui donner la possibilité de demander « c'est quoi ? » en pointant du doigt tel ou tel objet.

- **Le matériel du langage aide l'enfant à se familiariser avec son environnement** (temps, espace et culture). Pour débuter, on peut se servir de choses qu'on trouve à la maison, comme des légumes ou des fruits. Des animaux, des véhicules et autres objets réels miniaturisés sont aussi employés.

- **Lorsqu'on s'adresse à l'enfant, le vocabulaire doit être correct et précis,** même avec des nourrissons. S'ils ne parlent pas encore, les tout-petits écoutent et absorbent.

- **Ensuite, l'exploration se poursuit en présentant des objets réels** associés à leur représentation en deux dimensions (dessin, photographie...).

- **Quand le concept est assimilé par l'enfant, seules les images sont nécessaires.** À la Maison des enfants, il perfectionnera sa parole en conversant, en écoutant des histoires et des chants.

- **Puis l'enfant recevra une initiation à l'écriture, avant celle de la lecture.** C'est seulement ensuite que viendra l'étude plus approfondie de la lecture, des mots et de la compréhension.

53. Les lettres rugueuses, l'alphabet mobile

Dès leur plus jeune âge, les enfants prêtent attention aux multiples symboles qui constituent notre langage écrit, les montrent du doigt et veulent en connaître le sens : les lettres les fascinent.

Les lettres rugueuses Montessori constituent un matériel précieux pour combler ce besoin de connaître et d'identifier les symboles de notre écriture, grâce à une dimension sensorielle à laquelle l'enfant est très réceptif, en pleine période sensible du développement des sens.

Qu'est-ce qu'une « lettre rugueuse »

C'est une petite planche rectangulaire sur laquelle on trouve une seule lettre écrite en cursive, découpée dans une matière rugueuse comme le papier de verre. **On montre à l'enfant comment tracer la lettre, du bout de l'index et du majeur, puis on y associe le son correspondant.** Cette présentation a deux grands rôles : mener l'enfant sur le chemin de la lecture, en découvrant le son de chaque lettre, et sur celui de l'écriture, en entraînant sa mémoire musculaire à tracer le symbole. Cette petite planche en bois, simple mais riche de sens, est donc le point de départ de l'écriture et de la lecture, une première « leçon » !
Comme nous l'avons dit précédemment, dans la pédagogie Montessori, l'écriture vient avant la lecture.

L'écriture vient avant la lecture

Elle commence à prendre forme avec la leçon suivante, qui utilise l'alphabet mobile. Quand l'enfant maîtrise dix à douze sons, on lui présente une grande boîte dont les différents compartiments contiennent chacun une lettre en plusieurs exemplaires. Les lettres peuvent être en plastique, ou en bois comme dans le matériel d'origine. On propose à l'enfant de désigner les sons qu'il connaît : pour une première leçon, par exemple, on peut se diriger vers les lettres de son prénom. Grâce aux sons qu'il maîtrise déjà, on peut l'inviter à composer un petit mot phonétique simple ; à ce stade, on ne cherchera pas à obtenir la bonne orthographe ni à faire lire à l'enfant le mot qu'il a composé. Le but est tout simplement de placer des lettres côte à côte, de faire un premier pas vers l'écriture.

C'est seulement lorsqu'on l'observe en train de déchiffrer un mot qu'il a lui même composé, ou celui d'un camarade, qu'on pourra lui proposer l'activité suivante, la boîte de lecture (une boîte contenant de petits objets avec les mots correspondants écrits sur de petites étiquettes).
À partir de ce moment, on assiste à une véritable explosion de la lecture, car l'enfant a compris que lire, c'est tout simplement associer les sons des lettres écrites.
Dans une classe, c'est un merveilleux moment à observer !

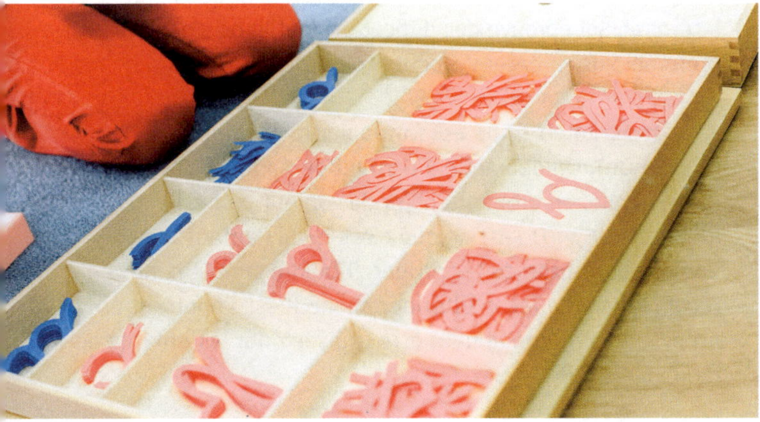

54. La leçon en trois temps

Pour aider les enfants à assimiler certains concepts et mots

Comme son nom l'indique, la leçon se divise en trois temps. Elle est directement inspirée par les travaux du pédagogue Édouard Séguin et enseignée avec seulement trois objets à la fois.

1. Dans un premier temps, l'éducateur dit à l'enfant le mot associé aux objets, en isolant chacun d'entre eux et en les nommant clairement. Par exemple, si on présente à l'enfant des tablettes de couleur, on ne lui en montrera qu'une seule en lui disant sa couleur : « Jaune. »

2. Dans un second temps, une fois que les trois objets ont été énumérés, on demande à l'enfant : « Montre-moi le jaune » ou « Place le jaune ici ». On l'aide ainsi à associer un objet à un nom en faisant appel à sa mémoire à court terme. Cette étape doit être la plus longue. Elle est la plus importante dans l'acquisition du langage. Il faut continuer tant que l'enfant est intéressé. S'il éprouve des difficultés, inutile de s'obstiner, il est préférable de retenter l'expérience plus tard.

3. Le troisième temps est fondé sur la mémorisation (cognition). On demande à l'enfant de nommer l'objet. Par exemple, en prenant l'objet de couleur jaune, l'éducateur lui demande : « Qu'est-ce que c'est ? » Si l'enfant fait une erreur, inutile de le corriger, il faudra simplement recommencer la leçon ultérieurement. Il est important de noter que la méthode peut être utilisée pour les enfants de moins de 3 ans.

Cependant, comme ils développent tout juste leur faculté de s'exprimer, il est peu probable que vous puissiez aller jusqu'au troisième temps. Dans ce cas, seuls le premier et le second temps seront présentés.

Mon conseil

La leçon en trois temps est un excellent moyen d'enseigner le langage ou toute autre connaissance à un enfant, à l'école ou à la maison.

- Premier temps, nommer : « Ceci est... »
- Deuxième temps, reconnaître : « Montre-moi. »
- Troisième temps, se souvenir : « Qu'est-ce que c'est ? »

55. La méthode Montessori
un investissement pour l'avenir

Trop difficile, trop de travail, pas assez de temps ? Telles sont les critiques habituelles lorsqu'on évoque la méthode Montessori.

Malgré le rythme effréné de notre vie moderne, il est important d'observer l'enfant, qui vit et apprécie le moment présent, qui contemple et explore ce que la vie lui offre. Bel exemple de sagesse, n'est-ce pas ? En leur fournissant les outils pour s'adapter à la vie qui les attend, nous construisons avec eux de solides fondations. Si nous ne savons pas vraiment ce que l'avenir leur réserve, nous devons faire de notre mieux pour les encourager à développer leur potentiel.

À quoi sert la méthode Montessori ?

Désire-t-on en faire des adultes capables d'agir et de penser en toute indépendance ? Naturellement ! Mais cela demande un investissement et une confiance réciproque.

On ne peut pas forcer un enfant à manger ou à dormir, mais on peut contrôler son environnement, ses habitudes, et lui témoigner de la patience. Tous les efforts que l'on fournit aujourd'hui pour observer ses besoins et y répondre, trouver les outils appropriés et comprendre les phases de son développement (l'esprit absorbant, les périodes sensibles, etc.) seront bénéfiques pour ses années futures.

L'enfant à qui l'on donne le support nécessaire pour favoriser le développement de ses besoins fondamentaux ne sera pas seulement prêt pour l'enseignement académique, il aura aussi la capacité de se concentrer, de s'adapter, de persévérer, de penser par lui-même et de communiquer avec les autres.

L'enfant qui a acquis ces outils pourra cultiver l'harmonie autour de lui tout au long de son existence.

56. Une pédagogie inclusive, adaptée à tous

L'éducation Montessori est adaptée à tous les enfants sans aucune distinction d'origine, de religion ou de statut socio-économique, et elle inclut évidemment ceux qui ont des différences physiques et neurologiques. L'éducation inclusive donne à tous les enfants la chance de faire partie d'une communauté et d'y contribuer chacun à sa façon. Aucun enfant n'est exclu.

Dans cet environnement inclusif, les enfants acquièrent un important esprit de groupe et ont l'opportunité de développer leurs aptitudes sociales et leur empathie. Ils renforcent aussi leurs connaissances en travaillant avec des enfants en difficulté et en apprenant à voir que ceux qui ont des besoins particuliers sont des personnes comme les autres.

Un enfant qui a des besoins particuliers est un enfant dont les capacités physiques, intellectuelles, émotionnelles ou sociales dévient de la norme, à tel point qu'il nécessite une attention particulière.

De nos jours, on rencontre plus fréquemment des problèmes de développement qui affectent le bien-être académique, social et émotionnel des enfants. **Durant ces vingt dernières années, les enseignants ont remarqué une augmentation du nombre d'enfants ayant des difficultés de développement, qui nécessitent des adaptations dans la présentation du matériel Montessori.**
Les éducateurs ont accès à une formation spéciale pour mieux identifier ces particularités et pour acquérir les outils nécessaires afin d'aider au mieux ces enfants. L'évolution de la

science permet aussi aux communautés inclusives Montessori d'être soutenues, et aux parents, parfois découragés devant les difficultés que rencontrent leurs enfants, d'être aidés.

Dans l'approche inclusive Montessori, chaque enfant est un membre important de la communauté et a l'opportunité d'y contribuer, chacun à sa manière.

57. Bien choisir son école Montessori

Prenez le temps de l'observation et de la réflexion

Vous êtes intéressé par une école Montessori pour votre enfant ? Maintenant que vous en connaissez la méthode, il est important de connaître quelques détails pour affiner votre choix.

Tout d'abord, prenez le temps d'aller dans une école Montessori et d'observer une classe du même groupe d'âge que votre enfant. Puis posez-vous les questions suivantes :

- Mon enfant sera-t-il épanoui ici ?
- Est-ce que l'environnement (salle de classe) est accueillant, propre et plaisant ?
- Ou plutôt désorganisé et oppressant ?
- Les adultes traitent-ils les enfants avec respect et se mettent-ils à leur niveau ?
- Les laissent-ils choisir seuls les activités ?
- La classe est-elle calme, les enfants concentrés ?

Regardez mes réponses afin de vérifier si l'école qui vous intéresse suit la méthode Montessori ou si elle en est simplement inspirée :

- Les classes sont-elles composées d'enfants d'âges mixtes (trois âges) ? *Oui.*
- Les enfants ont-ils le temps de répéter les activités ? *Oui.*
- Quelle est la longueur des cycles de travail ininterrompu ? *Entre deux heures et demie et trois heures le matin.*

- Y a-t-il des éducateurs différents pour chaque matière ? *Non, l'éducateur principal Montessori est formé pour donner toutes les leçons.*
- Les éducateurs sont-ils spécialisés par classe d'âge ? *Oui.*
- Y a-t-il une atmosphère de liberté et d'ordre simultanément ? *Ceci peut varier selon le moment de l'année ou de la journée.*
- Les enfants sont-ils libres de choisir leurs activités, de se déplacer dans la classe, d'observer un autre enfant ? *Oui, liberté de mouvement ; les enfants apprennent en observant.*

Je crois que la méthode Montessori est bénéfique pour tous les enfants. Néanmoins, toutes les familles ne sont pas encore prêtes à accepter les concepts de Maria Montessori. Il est important de partager la même vision que l'école et l'équipe éducative que nous choisissons pour notre enfant, pour assurer une cohérence entre la maison et la classe.

58. Le décalogue de l'éducateur Montessori

Voici une liste de dix points qui définit le rôle et l'attitude de l'éducateur vis-à-vis des enfants :

1. Ne touchez jamais l'enfant, sauf s'il vous y invite d'une manière ou d'une autre.

2. Ne dites jamais du mal d'un enfant devant lui ou en son absence.

3. Concentrez vos efforts pour renforcer et favoriser ce qui est positif en l'enfant.

4. Mettez toute votre énergie dans la préparation du milieu (salle de classe et matériel pédagogique). Prenez-en soin régulièrement d'une façon méticuleuse. Aidez l'enfant à établir de bonnes relations avec le milieu. Montrez-lui l'endroit où le matériel se range et indiquez-lui comment il doit s'en servir.

5. Écoutez et soyez toujours prêt à répondre à l'appel de l'enfant qui a besoin de vous.

6. Respectez l'enfant qui a fait une erreur et qui peut sur le moment se corriger de lui-même. Mais intervenez avec fermeté pour empêcher tout mauvais usage du matériel et toute action susceptible de mettre en danger ou de déranger les enfants.

7. Respectez l'enfant qui se repose, qui observe les autres travailler, ou réfléchit à ce qu'il a fait ou fera. Ne l'appelez pas et ne le contraignez pas à exercer une autre forme d'activité.

8. Aidez ceux qui cherchent une activité et n'en trouvent pas.

9. Présentez inlassablement des activités à l'enfant qui les a refusées auparavant. Aidez-le sans cesse à acquérir ce qu'il n'a pas encore assimilé et à surmonter ses imperfections. Faites tout ceci en animant le milieu (la classe) avec soin, en ayant une attitude réservée, en usant de mots aimables et en étant une présence aimante. Faites que votre bienveillance et votre disponibilité soient ressenties par l'enfant.

10. Traitez toujours l'enfant avec la plus grande politesse et offrez-lui le meilleur de vous-même.

59. Devenir un éducateur Montessori

« Une aide à la vie » qui s'étend de la conception jusqu'à la maturité

Des formations existent partout dans le monde et proposent quatre niveaux d'étude. Depuis peu, la méthode est aussi utilisée auprès des personnes âgées souffrant de déficience mentale.

Tous les cours proposés par les instituts de formation officiels permettent une compréhension approfondie de la philosophie Montessori,et une approche claire et précise de l'intégralité du matériel didactique correspondant à la tranche d'âge étudiée.

Qu'il s'agisse de la formation pour les plus petits, pour la Maison des enfants ou pour les adolescents, chaque étudiant doit produire un ensemble d'outils de référence, les « albums », qui sont des classeurs regroupant toutes les connaissances apprises durant la formation et la description précise du matériel et de son utilisation. Ces albums suivent un sommaire défini par l'AMI et ils sont une synthèse de tout ce qui a été abordé durant l'année (ou les années) d'étude.

Ils constitueront plus tard un outil de travail précieux pour l'éducateur, une fois la certification obtenue.
De nombreuses heures d'observation et de pratique sont également requises pour chaque niveau de formation.
Il existe également une formation d'assistant, plus courte, qui donne les connaissances nécessaires pour assister un éducateur dans un environnement Montessori.

60. Devenir un éducateur Montessori

pour les tout-petits de la naissance à 3 ans

La formation d'éducateur Montessori pour les enfants de la naissance à 3 ans a été créée en 1947. Elle applique la théorie Montessori à la vie prénatale, la grossesse et l'accouchement, et aborde le développement anatomique et physiologique de l'enfant et de son cerveau, l'alimentation et l'hygiène.

Elle offre la possibilité d'étudier l'ensemble de la théorie de la pédagogie Montessori mais également l'approche physiologique et psychologique du développement de l'enfant de la naissance à 3 ans, ainsi que des notions de neuropsychiatrie. Elle donne aussi des informations sur les problématiques modernes de l'éducation, notamment celles concernant les enfants qui présentent des besoins particuliers.

Cette formation met à disposition les outils nécessaires pour mettre en place un environnement adapté aux tout-petits (un Nido, ou une Communauté enfantine), pour guider les enfants et adapter l'environnement à leurs besoins spécifiques, mais également pour soutenir les parents dans leur nouveau rôle. Cela peut passer par des ateliers d'échange autour de l'éducation préparés par l'éducateur, ou encore par une aide pour la préparation de l'environnement à la maison avant l'arrivée d'un enfant.

61. Devenir éducateur Montessori

pour les enfants de 3 à 6 ans

La formation d'éducateur Montessori pour la Maison des enfants (3-6 ans) a été créée en 1909 et se base sur les activités particulières caractéristiques des enfants de cette tranche d'âge.

Elle permet une étude approfondie de l'aspect théorique de la pédagogie Montessori et des concepts de base du développement de l'enfant. En outre, elle a pour but d'enseigner au futur éducateur toutes les présentations qui seront faites à l'enfant durant ce cycle de trois ans (autrement dit, de connaître parfaitement l'intégralité du matériel, son utilisation et la façon précise de le présenter à l'enfant pour la première fois). Durant la formation, les présentations sont faites oralement, comme elles le seraient en présence d'un l'enfant : cela donne la possibilité à chaque étudiant de retranscrire la présentation dans son album avec ses propres mots. L'ensemble des albums créés durant la formation est très précieux : ils constitueront pour l'éducateur une référence dans laquelle il puisera régulièrement pour travailler le plus efficacement possible avec les enfants.

Le rôle de l'éducateur de la Maison des enfants est de donner les « clés du monde » à tous les enfants qu'il a la chance d'accompagner.

62. Devenir un éducateur Montessori

pour les enfants de 6 à 12 ans

La formation d'éducateur Montessori pour l'école élémentaire (6-12 ans) enseigne des concepts plus abstraits dans le domaine des mathématiques et des sciences ; elle approfondit l'utilisation du langage.

L'éducateur est formé pour aider l'enfant qui a maintenant atteint l'âge de raison et qui cherche à comprendre sa place dans l'univers ; cette période est souvent décrite comme l'« éducation cosmique ».

Outre l'apprentissage théorique et l'approche des problématiques autour du développement de l'enfant, la formation d'éducateur pour le cycle élémentaire donne à l'étudiant l'opportunité d'apprendre et d'assimiler les cinq « Grands Récits » qui seront racontés aux enfants. On lui apprend également les différentes façons de donner vie à ces histoires et d'aider les enfants à poursuivre leur quête de réponses et d'informations liées à ces récits.

63. Devenir un éducateur Montessori

pour les enfants de 12 à 18 ans

L'orientation Montessori pour adolescents (12 à 18 ans) se concentre notamment sur l'assurance et la confiance en soi des ados.
La formation permet une approche globale de l'adolescent, notamment à travers la psychologie et la philosophie. Elle met l'accent sur le rôle de l'éducateur durant cette période si délicate de la vie de l'enfant, et permet d'adapter son attitude pour mieux accompagner les adolescents.

Ici encore, l'observation demeure son premier outil : elle apprend aux éducateurs à lier leurs compétences spécifiques (en mathématiques, sciences, histoire, littérature...) à un modèle qui donne aux enfants la liberté dont ils ont besoin dans un cadre bien défini.

Maria Montessori n'a pas établi de programme de formation détaillé pour cette tranche d'âge, comme elle a pu le faire avec les deux plans de développement précédents. C'est pour cela qu'il est plus difficile de trouver des collèges et lycées Montessori, notamment en France. Cependant, afin de proposer une continuité dans l'éducation des enfants à l'issue du cycle élémentaire, certaines écoles essaient d'appliquer les principes de Maria Montessori au-delà de 12 ans, en s'appuyant sur ses écrits et ses recherches théoriques sur l'adolescent.

En France, l'institut supérieur Maria Montessori propose des stages courts accessibles aux enseignants et aux parents (ou à tout autre adulte intéressé), pour découvrir les spécificités du troisième plan de développement et la vision de Maria Montessori sur la structure d'accueil adaptée à l'adolescent. Des formations longues et diplômantes existent dans d'autres pays, par exemple aux Etats-Unis.

64. Montessori pour les personnes âgées

Les principes de la méthode Montessori sont à présent utilisés auprès des personnes âgées ou diminuées. En créant un environnement préparé avec des outils pour stimuler leur activité cérébrale et leur mémoire, on leur permet de préserver plus longtemps leur indépendance, ce qui aide aussi leur entourage.

Des idées très simples peuvent aider les personnes âgées qui ont des troubles de la mémoire : étiqueter l'environnement proche, créer un livre ou une boîte de souvenirs… Cette approche se base sur les mêmes principes que pour les plus jeunes : permettre l'autonomie et l'indépendance dans un cadre sécurisé et sécurisant afin de donner un rôle à chacun, avec l'opportunité de contribuer à la vie en communauté en conservant son estime de soi.

Ce projet, né en Australie, s'est vite répandu à travers le monde pour apporter une aide non négligeable aux personnes âgées, à leur domicile ou en maison de retraite, et en particulier à celles qui souffrent de troubles cognitifs, comme la maladie d'Alzheimer. On prépare leur environnement comme un éducateur prépare celui de la Communauté enfantine ou de la Maison des enfants, en donnant aux personnes âgées les outils pour agir par elles-mêmes et pour elles-mêmes, tout en suivant leurs propres centres d'intérêt.

Aujourd'hui, il existe des formations à destination des professionnels ou des proches de personnes âgées et dépendantes, pour les aider à mettre en place ces outils à la maison ou dans une structure d'accueil.

Pour en savoir plus, vous pouvez consulter le site suivant : www.montessoridementia.org

65. Éducateurs sans frontières

« L'éducation est la meilleure arme pour la paix. »
(Maria Montessori, mai 1937.)

Maria Montessori aimait à rappeler que notre salut viendrait de l'enfant. Aujourd'hui, son héritage se perpétue avec Éducateurs sans frontières, organisme fondé en 1999 par sa petite-fille Renilde Montessori et par son fils Mario. Créé par l'Association Montessori internationale (AMI), Éducateurs sans frontières défend la cause des enfants et applique les principes de la méthode Montessori à la société dans sa globalité. La méthode Montessori est un précieux outil pour les parents, les travailleurs sociaux, et toutes les personnes impliquées dans le développement de l'être humain.

Elle peut aider les enfants abandonnés, handicapés, ceux qui sont hospitalisés pour une longue durée, ceux qui sont victimes de violence – tout enfant en situation de danger.

Voici quelques exemples de projets menés par Éducateurs sans frontières :

- Au Royaume-Uni, *Born Inside* : ce projet a pour but d'apporter un accompagnement à la parentalité aux résidentes de l'unité « Mère et Enfant » de deux prisons du pays, notamment à travers des sessions communes dans un environnement adapté aux tout-petits au sein même de la prison.

- **Au Kenya, Corner of Hope : ce projet a permis à des écoles Montessori de voir le jour dans des communautés vulnérables,** par exemple au sein de camps de réfugiés. L'association vient en aide aux populations en apportant du matériel et un soutien financier, en formant des éducateurs et en aidant à la construction de bâtiments, dans le but de réunir toute la communauté autour d'un même projet.

- **Au Texas (États-Unis), Lumin Education : c'est un programme d'accompagnement à la parentalité dans un quartier défavorisé de Dallas,** notamment auprès de plus de deux cents familles récemment immigrées. Il propose des visites à domicile effectuées par des éducateurs bilingues, afin d'informer les parents sur le développement de l'enfant et de leur apporter un soutien à la parentalité. Le programme comporte un suivi des familles, des groupes de paroles et des réunions d'information, ainsi qu'un accès à des services de santé.

- Pour plus d'informations, consultez le site d'Éducateurs sans frontières : https://montessori-esf.org/

66. L'influence de Montessori dans l'éducation de nos enfants

Il est important de souligner que les travaux de Maria Montessori n'ont pas seulement donné naissance à la méthode d'éducation qui porte son nom, mais aussi fortement influencé notre système éducatif et notre vision de l'enfant.

Avant son intérêt et son dévouement pour le bien-être des tout-petits, peu d'efforts avaient été faits pour faciliter la vie des enfants avec du mobilier à leur taille, par exemple, ou tout simplement pour tenter de comprendre comment transmettre de façon efficace nos connaissances aux générations futures.

Aujourd'hui, on trouve facilement des meubles conçus tout spécialement pour les enfants ; et dans les classes traditionnelles, on trouve de plus en plus de coins réservés aux « ateliers individuels » et d'activités inspirées du réel et du quotidien de l'enfant.

Cependant, il faudra encore du temps avant que la vision de l'éducation ne change entièrement et qu'elle réponde vraiment aux besoins du développement de l'enfant. C'est pourquoi il est important de reconnaître que les travaux de Maria Montessori, il y a plus d'un siècle, ont ouvert la voie au changement et à la recherche de méthodes alternatives pour un plus grand respect de l'enfant et de son immense potentiel.

Une pédagogie alternative de plus en plus prisée

En France, la pédagogie Montessori s'installe de plus en plus dans les classes maternelles des écoles publiques, grâce à un mouvement né d'une première expérimentation dans la classe d'une école en réseau d'éducation prioritaire (REP), par une éducatrice formée à cette pédagogie. Les résultats très impressionnants de cette expérience ont marqué les esprits, en particulier ceux de milliers de professeurs des écoles qui s'en inspirent aujourd'hui.

Merci Maria Montessori !

Montessori à la maison

Tout un mode de vie

Les principes pédagogiques Montessori se transposent très facilement dans votre quotidien de parent. La nature a créé un environnement prénatal idéal ; le moment de la naissance doit aussi être préparé et serein afin d'accueillir l'enfant dans les meilleures conditions possibles. Après la naissance, le foyer familial étant le premier espace à explorer pour le nouveau-né, les principes Montessori peuvent être mis en place dès le début à la maison.

67. Les parents aussi ont des périodes sensibles

Vous attendez un enfant, vous êtes un parent, un grand-parent : c'est une grande responsabilité, que vous adoptiez ou non la méthode Montessori. Être parent, cela s'apprend. Mais qu'on le veuille ou non, on le devient avec l'arrivée d'un nouveau-né, sans manuel ni école spécialisée pour nous y préparer. Malgré tout, nous acceptons cette mission et nous tâchons d'être exemplaires en donnant le meilleur de nous-même.

Chaque grossesse est différente, et chaque individu possède sa propre histoire et sa propre enfance, qui le guident dans cette nouvelle aventure qu'est la parentalité.

Être le meilleur parent possible !

Aujourd'hui, de nombreux ouvrages peuvent vous apporter une aide précieuse dans vos premiers pas de parents. Mais n'oubliez pas : tout apprentissage demande patience et pratique !

Être parent ne signifie pas être seul. Il est très important que vous puissiez trouver de l'aide dans un groupe, une communauté qui comprend et respecte le parent que vous aspirez à être. En aidant des parents depuis des années, en les guidant vers la meilleure version d'eux-mêmes, s'il y a une chose que j'ai apprise, c'est que vous devez d'abord prendre soin de vous.

68. Après la naissance, la « période symbiotique »

À la naissance, le bébé humain est entièrement dépendant de l'adulte. En cela, il se distingue des autres mammifères qui, bien souvent, marchent après quelques minutes de vie seulement ! Cela s'explique par la taille du cerveau humain : plus gros et plus complexe que celui des autres mammifères, il lui faut bien plus de neuf mois pour être mature. Mais s'il fallait attendre aussi longtemps avant de naître, le bébé serait beaucoup trop gros pour passer le bassin de sa maman... Après la naissance, en quelque sorte, on peut donc dire que la grossesse continue à l'extérieur du corps de la mère.

Les deux premiers mois sont particuliers : le bébé, comme la maman, apprennent à se connaître autrement, sans ce précieux cordon ombilical qui maintenait le bébé en pleine forme. **C'est une période de transition entre les neuf mois passés dans l'intimité la plus totale et la découverte du monde extérieur.** Maria Montessori l'appelle la « période symbiotique » : une véritable période de symbiose entre la mère et son bébé.

Après la naissance

Pour le bébé, tout change : il passe d'un environnement homogène où la température est toujours la même et où il est bien contenu, à l'abri des lumières et bercé par les bruits du corps de sa maman, à un environnement où tout est changeant. Il doit réguler lui-même sa température, respirer pour se fournir lui-même en oxygène, tout cela sous des lumières parfois aveuglantes, entouré de nouveaux sons, et passant bien souvent de bras en bras. Il a donc besoin d'une continuité pour se rassurer, qu'il est assuré de trouver par le contact avec le corps de sa mère : il retrouve son odeur, les battements de son cœur, sa voix... Pour la maman aussi, cette période est importante : c'est la période de l'attachement, durant laquelle elle a besoin d'une proximité totale avec ce bébé qu'elle a si longtemps porté dans son ventre. Ainsi, pendant six à huit semaines, la mère et l'enfant ne font qu'un, comme pendant la grossesse. Si l'enfant est biologiquement né au moment de l'accouchement, Maria Montessori considère que sa naissance psychique a lieu après cette période de symbiose.

Trois types de contacts vont être particulièrement constructeurs lors de ces premières semaines :

- **Le portage,** qui répond au besoin de proximité, de sécurité et de soutien de l'enfant.
- **La façon dont est manipulé le bébé,** lors des soins par exemple, qui va lui donner des informations sur l'état d'esprit de ses parents, l'attention et l'amour qu'ils lui portent.
- **L'allaitement au sein ou au biberon,** véritable moment d'union et d'attachement, qui nourrit le bébé physiquement mais aussi psychiquement, à travers les regards et la proximité de ses parents (en particulier la maman lorsque l'enfant est nourri au sein).

Et le papa dans tout ça ?

Le père est évidemment un acteur essentiel lors de la grossesse, de la naissance, et en particulier pendant la « période symbiotique ». C'est également pour lui la période de l'attachement, durant laquelle il devient concrètement père. Surtout, il est le gardien de cette symbiose entre la maman et le bébé : il lui apporte le soutien, l'aide et la protection nécessaires pour le bon déroulement de ces premières semaines d'attachement.

Cette période d'attachement entre les parents et l'enfant est primordiale pour ce dernier : elle lui permet d'avoir une confiance totale en son environnement, pour mieux se tourner vers le monde et lui donner envie de le découvrir. Oui, c'est grâce à ce fort attachement que votre enfant pourra se séparer sainement et sereinement de vous, guidé par sa curiosité.

69. La maison Montessori

La « maison préparée », selon la philosophie Montessori, offre d'innombrables atouts. Elle stimule l'éveil précoce et facilite l'adaptation de votre enfant à son espace. Imaginez que vous devez préparer votre maison pour l'arrivée d'un invité très important, qui va rester pour un moment, et dont les besoins différents des vôtres vont naturellement évoluer avec le temps.

Les quatre endroits basiques à considérer comme points de référence pour votre enfant sont :

- l'espace du **sommeil** ;
- l'espace dédié au **repas** ;
- l'espace dédié aux **soins corporels** ;
- l'espace dédié au **mouvement**.

L'espace de l'enfant doit rester simple et ordonné, les jouets et les activités facilement accessibles et limités en nombre.

70. Un lit bas pour mon bien-être

Non à l'enfermement du lit à barreaux !

Dans le foyer, le premier espace de référence pour l'enfant est l'endroit où il est allongé pour dormir. Contrairement au choix traditionnel d'un lit à barreaux pour le bébé, qui répond surtout au besoin de tranquillité de l'adulte, dans une maison Montessori, on préfère un « lit bas » ouvert et posé sur le sol.

Les avantages du lit bas

L'enfant peut découvrir son espace de sommeil alors que son acuité visuelle se développe. Si besoin, un adulte peut s'allonger avec son bébé. Avec ce lit, l'enfant possède aussi une grande liberté de mouvement. Le nouveau-né, bien sûr, peut éventuellement rouler et descendre du lit. Mais en prenant quelques précautions, l'enfant ne se fera pas mal et comprendra très vite qu'il est plus confortable de rester sur le matelas. L'adulte doit être confiant : l'enfant apprendra de ses expériences.

Avec un lit bas, l'enfant pourra s'allonger seul quand il se sentira fatigué, sans devoir attendre que l'adulte le porte dans son lit. « Alors, demandera-t-on, il peut aussi se lever seul ? » En effet, mais habitué dès le plus jeune âge à un environnement sécurisé et préparé, il jouera le matin avec ses quelques jouets. Cette transition pourra s'effectuer plus tard, si l'option du lit bas n'a pas été retenue dès le départ, mais les résultats décrits ci-dessus seront souvent plus compliqués à obtenir.

Dormir est une habitude qui s'apprend. Si on enseigne tôt à l'enfant « où » et « comment », des automatismes bénéfiques à tous seront vite compris.

71. Le *topponcino*, Montessori dès la naissance

Vous n'en avez peut-être jamais entendu parler, et pourtant le *topponcino* est un objet indispensable dans les premiers mois de la vie de votre bébé. À mi-chemin entre un matelas et un oreiller, il est ovale, souple et très fin ; il peut accueillir votre bébé dès sa naissance et même pendant plusieurs semaines, voire plusieurs mois, selon la taille de l'enfant et ses besoins.

Idéal pour être porté par un adulte ou par un autre enfant, **le *topponcino* garde la chaleur du bébé et son odeur familière** alors qu'il passe de bras en bras. Cela en fait un espace de référence très sécurisant. Dans les bras d'un adulte (ou d'un enfant), le bébé est bien enveloppé et il est moins manipulé,
ce qui est très confortable à la fois pour la personne qui le porte et pour le bébé lui-même. Cela facilite aussi grandement le déplacement du bébé endormi jusqu'au lit, sans perturber son sommeil, car on peut tout à fait poser le *topponcino* sur le lit bas.
Bien sûr, cela n'empêche aucunement les moments de contact peau à peau et la proximité corporelle avec les parents.

Comment fabriquerun topponcino ?

On trouve de plus en plus facilement des *topponcinos* dans le commerce. Voici cependant un petit guide si vous souhaitez coudre vous-même le topponcino qui accueillera votre bébé.

Matériel nécessaire :

- une machine à coudre, ou une aiguille et du fil,
- une grande feuille pour dessiner le patron,
- de la ouate épaisse pour garnir le matelas,
- du tissu en coton bio épais pour le matelas,
- du tissu en coton fin pour la housse.

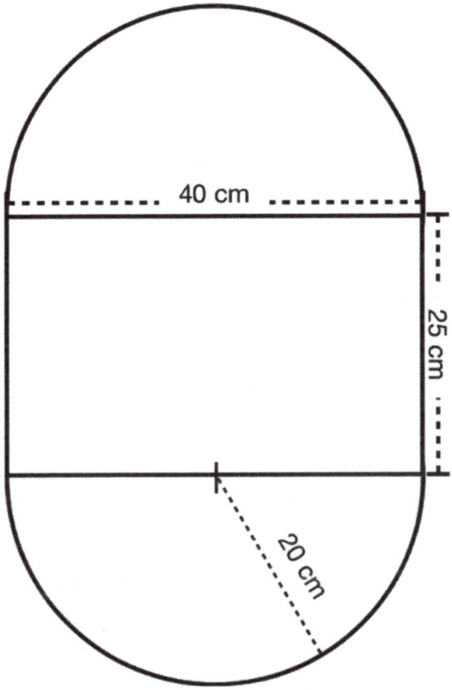

Étape n° 1 : le patron (schéma 1).

Dessinez sur une grande feuille un rectangle de 25 cm par 40 cm. Tracez le milieu des deux plus grands côtés : ils seront les milieux de deux demi-cercles, de 20 cm de rayon, que vous tracerez avec l'aide d'un compas. Vous voilà avec une belle ellipse !

Étape 2 : le matelas

- Découpez dans la ouate épaisse une ellipse avec l'aide du patron que vous venez de dessiner. Selon l'épaisseur désirée, vous pouvez superposer plusieurs couches de ouate.
- Découpez dans le coton épais deux ellipses, en rajoutant 1 cm tout autour au moment de la découpe pour la marge de couture.
- Superposez les deux ellipses ainsi découpées, endroit contre endroit, et cousez les bords en laissant une ouverture suffisante pour y glisser la ouate. Retournez votre travail, glissez la ouate à l'intérieur et refermez à la main.
- Pour bien maintenir la ouate dans sa housse, il vous faudra coudre quelques points (cinq à sept points suffisent) un peu partout sur le matelas.

Étape n° 3 : la housse lavable

Maintenant que votre matelas est prêt, il vous faut une housse. Celle-ci se présente avec une ouverture identique à celle d'une taie d'oreiller classique, de façon à pouvoir glisser facilement le matelas à l'intérieur tout en le maintenant bien.

Découpez dans le coton fin trois morceaux de tissus :

- Le premier sera l'avant de la housse, où on pose le bébé. Découpez une ellipse entière en suivant le patron, sans oublier d'ajouter une marge de couture d'1 cm.
- Les deux suivants formeront l'arrière de la housse. Découpez deux demi-ellipses auxquelles vous rajouterez 10 cm correspondant à la zone de superposition des tissus ; n'oubliez pas la marge de couture d'1 cm. Sur chaque morceau, coudre un ourlet sur la largeur.
- Superposez, endroit contre endroit, la face avant de la housse et les deux morceaux de la face arrière. Coudre tout autour. Repassez et retournez la housse pour la mettre à l'endroit ; glissez-y le matelas.

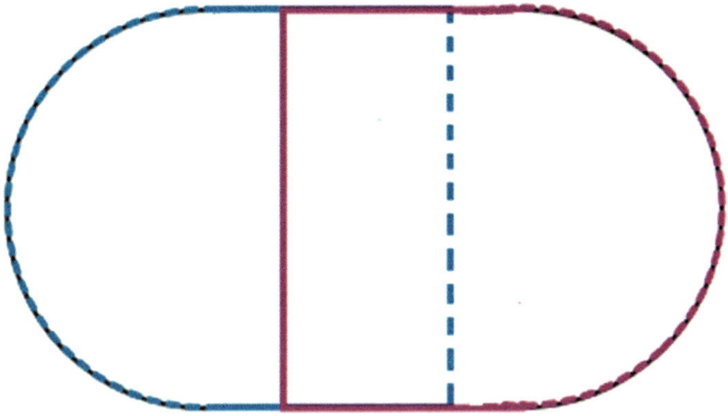

Votre *topponcino* est prêt ! Vous pouvez ainsi coudre plusieurs housses de rechange.

72. L'aire du repas entre la naissance et 5 mois

Avant la naissance de votre enfant, vous avez probablement déjà choisi le mode d'alimentation de votre bébé : allaitement ou biberon. L'Organisation mondiale de la santé recommande un allaitement exclusif, des premiers instants de vie jusqu'à 6 mois, puis en alternance avec une alimentation solide jusqu'à l'âge de 2 ans. Il ne s'agit que de simples recommandations, bien entendu : le plus important reste d'être à l'aise avec la façon dont on nourrit son enfant, pour que les moments des repas soient les plus paisibles et agréables possibles.

Beaucoup de mères considèrent qu'elles sont mal informées sur l'allaitement, éprouvent des appréhensions ou se sentent seules face à cette décision d'allaiter ou non son enfant. N'hésitez pas à vous informer dès la grossesse, auprès d'une sage-femme ou d'une consultante en lactation qui saura répondre à vos questions.

Nourrir son enfant, un instant privilégié

Qu'on l'allaite ou qu'on le nourrisse au biberon, l'espace où l'on alimente le nouveau-né doit être calme et propice à l'intimité. Il s'agit d'instants précieux pour l'enfant qui sent toute l'attention et l'affection qu'on lui porte. Il est recommandé d'éviter toutes formes de distractions, comme les écrans. **Ces moments paisibles sont fondamentaux pour le développement de l'enfant, son épanouissement et la confiance qu'il établit avec le monde qu'il découvre.**

« Même s'il est techniquement possible de donner le sein tout en lisant un livre, discutant avec quelqu'un ou regardant la télévision, nous devons nous rendre compte qu'en faisant ainsi nous séparons la nourriture psychique de l'alimentation biologique. »
(Silvana Quattrocchi Montanaro, extrait traduit de *Understanding the Human Being*, [Comprendre l'être humain]).

Si l'espace vous le permet, installez un fauteuil confortable dans la chambre du bébé ou dans un endroit calme et agréable ; près de ce fauteuil, préparez tout ce dont vous avez besoin pour nourrir votre enfant sans avoir à vous lever : un peu d'eau et des compresses ou des coussinets d'allaitement si vous allaitez, des langes, des mouchoirs, une petite lampe ou une veilleuse... Avoir un endroit spécialement dédié à l'allaitement permet de créer des habitudes structurantes pour l'enfant ; évidemment, vous serez amenée à nourrir votre enfant à l'extérieur, mais avoir la possibilité de retrouver régulièrement cet endroit calme et confortable sera rassurant pour votre enfant comme pour vous.

73. L'aire du repas pour le sevrage

Le lait maternel et le lait infantile couvrent les besoins nutritionnels de votre bébé durant les premiers mois de la vie. Autour de 6 mois, l'enfant commence à se tenir assis, ses premières dents apparaissent, il contrôle de mieux en mieux ses mains, il a envie de tout explorer, il dispose maintenant de l'enzyme nécessaire pour digérer les aliments solides, le lait maternel n'apporte plus suffisamment de fer... : il devient physiologiquement et psychologiquement prêt à découvrir une autre alimentation. C'est un grand moment : celui du début du sevrage et du chemin vers l'indépendance !

Le repas, un moment important de la vie familiale

Quand l'enfant commence à s'intéresser aux aliments solides, on peut utiliser une petite table et une chaise pour lui faire découvrir cette nouvelle étape. Pour cette phase, une seconde option comme la chaise haute, de préférence sans plateau, peut être choisie pour que l'enfant participe aux repas avec le reste de la famille. La vie sociale autour des repas est un moment crucial pour l'enfant. Il apprend à explorer les goûts, les textures, il imite les adultes et il communique avec la famille. Sans distractions, sans écrans, cette communication permet aussi de développer son vocabulaire. Le repas de famille reste un moment privilégié où l'on échange des idées. Cette habitude demeurera un outil irremplaçable pour entretenir les échanges à l'adolescence.

Généralement, on fait découvrir les aliments solides aux enfants sous forme de purées ; mais la diversification alimentaire doit être également un moment de découverte sensorielle et autonome. **À ce propos, on parle de plus en plus de DME (diversification menée par l'enfant).** Il s'agit d'une approche où l'on propose à l'enfant des morceaux cuits assez gros, de façon à ce qu'il puisse s'en saisir et les porter à sa bouche pour les lécher, les grignoter, les sentir… et peut-être les manger ! Cependant, renseignez-vous bien auprès de votre pédiatre avant de vous lancer dans la DME. De nombreux sites spécialisés, par ailleurs, pourront vous apporter les informations nécessaires pour une DME sans danger, car vous devez être certain que cela vous correspond, à vous et à votre bébé.

« Le sevrage est un tournant important dans la vie de l'enfant. […] C'est le début du détachement, un détachement positif, et il permet à l'enfant de développer un sentiment d'autonomie et d'indépendance. » (Silvana Quattrocchi Montanaro, extrait traduit de *Understanding the Human Being*.)

74. Une cuisine aménagée pour m'aider à faire seul

Vous l'aurez sans doute remarqué : les tout-petits ont généralement très envie de voir ce qui se passe sur le plan de travail lorsque vous vous affairez aux fourneaux. Mais si la cuisine est un lieu captivant, elle est loin d'être adaptée aux petites mains curieuses de nos enfants. Pourtant, avec quelques aménagements très simples, il est possible d'en faire un lieu d'apprentissage, de joie et de partage !

- **Commencez par avoir à disposition dans la cuisine un marchepied suffisamment haut** pour que votre enfant puisse accéder au robinet et au plan de travail. Si vous avez la chance d'être équipé et d'être un peu bricoleur, vous pouvez même vous lancer dans la construction d'une « tour d'observation » : quelques tasseaux sur un marchepied en

bois, et voilà un endroit sécurisé pour que les plus jeunes puissent participer à la préparation du repas. Vous trouverez à cette fin des tutoriels très clairs sur de nombreux blogs.

- **Pour favoriser l'autonomie de votre enfant et nourrir son envie de faire seul, préparez dans la cuisine un endroit qui lui sera dédié :** un petit meuble à sa hauteur, un tiroir ou même une étagère. Vous pourrez y installer des assiettes, des verres, des couverts, de quoi préparer un petit en-cas, se servir un verre d'eau... De nombreux ustensiles rendrons la vie de votre enfant (et la vôtre) plus simple, comme un coupe-pomme, par exemple (attention, ça coupe : présentez-lui seulement lorsque vous sentez que votre enfant est prêt à l'utiliser sans danger !).

- **N'oubliez pas de mettre à la disposition de votre enfant de quoi nettoyer** après avoir cuisiné : une éponge, un torchon, une serviette, une poubelle...

- **Donnez à votre enfant la possibilité de s'installer seul à table :** installez une table et une chaise adaptées à sa taille, ou bien optez pour une chaise évolutive à la table familiale.

Apprendre à faire son goûter, aider dans la cuisine sont aussi des facteurs essentiels dans la relation avec les aliments. On me demande souvent : « Que faire de mon enfant ? Il veut toujours attirer mon attention alors que je dois préparer le repas. » Non, il veut participer, toucher, sentir, goûter. Saisissez cette opportunité. Une cuisine adaptée pour un tout-petit est un merveilleux lieu d'éveil, riche en activités pratiques et propice à l'apprentissage du vocabulaire comme des mathématiques. L'enfant apprendra aussi à goûter et à manger de tout.

75. Guider son enfant vers de nouvelles compétences

L'une des règles d'or pour transmettre à un enfant une compétence ou un geste est d'en faire la démonstration avec des mouvements lents, en évitant au maximum les explications superflues.

Pour présenter une nouvelle activité à un enfant, que ce soit à l'école ou à la maison, il est important de se concentrer sur les mouvements qui doivent être maîtrisés. En ralentissant nos gestes, l'enfant va pouvoir absorber l'action et se concentrer sur le point d'intérêt de l'activité en question. En parallèle, on évitera d'accompagner nos gestes de paroles inutiles. En effet, les tout-petits peuvent être aisément distraits par notre voix, ce qui les empêche d'observer nos mouvements.

Par exemple, pour montrer à un enfant comment faire une tartine de beurre, commencez par lui expliquer ce que vous souhaitez faire : « Regarde, je vais te montrer comment étaler du beurre sur une tranche de pain. » Nommez tout le matériel et les ustensiles dont vous avez besoin, et, au moment d'étaler le beurre, ralentissez vos mouvements, sans dire un mot. Ensuite, invitez l'enfant à répéter l'action, tout en gardant à l'esprit qu'il faudra du temps et de la pratique pour qu'il maîtrise cette nouvelle compétence. Inutile de le corriger : proposez-lui simplement de lui montrer à nouveau comment faire !

Selon l'âge de votre enfant, votre implication sera différente.

La cuisine est le lieu idéal pour apprendre et partager des moments en famille ; il est important de donner à votre enfant une autonomie adaptée à son développement pour qu'il puisse faire seul : la recette sur la page suivante peut s'adapter à tous les âges.

Autour de 2 ou 3 ans, vous devrez peser les ingrédients avant de commencer la recette et les placer dans des petits récipients séparés : votre enfant pourra alors peler et écraser les bananes, tout verser et mélanger seul (ou presque !). Un peu plus tard, vous pourrez trouver une unité de référence (un pot de yaourt, par exemple : pour 225 g de farine, il faut l'équivalent de trois pots de yaourt) et préparer pour votre enfant une fiche illustrée afin qu'il puisse faire le gâteau de la façon la plus autonome possible. Enfin, quand il saura lire, et après l'avoir fait avec vous, il pourra peser lui-même les ingrédients et tout réaliser de A à Z, comme un vrai chef cuisinier. Évidemment, votre présence reste indispensable, en particulier pour l'utilisation du four !

Recette en famille : le *Banana Bread* !

Voici une petite recette très simple que vous pouvez faire très facilement avec votre enfant.

Ingrédients

- 3 bananes mûres,
- 225 g de farine,
- 75 cl d'huile de tournesol (ou de votre choix),
- 80 g de sucre complet,
- 3 cuillères à café de levure,
- 2 cuillères à café de cannelle,
- 1 cuillère à café de gingembre,
- des pépites de chocolat (optionnel).

1. Préchauffez le four à 180 °C.
2. Pelez et écrasez les bananes pour en faire une purée.
3. Dans un saladier, versez la purée de banane, ajoutez-y l'huile et le sucre, la cannelle et le gingembre et mélangez à l'aide d'un fouet.
4. Ajoutez tout en mélangeant la farine, la levure et éventuellement les pépites de chocolat.
5. Quand le mélange est bien lisse, versez-le dans un moule à cake préalablement huilé (ou tapissé de papier sulfurisé). Préférez un moule en métal !
6. Placez au four pendant 30 minutes.

76. Aide-moi à être propre

Guider l'enfant vers l'autonomie

Au début, l'enfant est complètement dépendant des adultes pour ses soins corporels. Quand vous changez, massez, habillez votre enfant, faites attention à votre positionnement. Vous devez être face à votre bébé.

Trop souvent, j'observe des espaces où l'adulte se tient sur le côté. Être de face n'est pas seulement plus confortable et bénéfique à votre enfant dans ce moment d'intimité et de communication : de cette manière, les deux côtés du corps de l'enfant seront stimulés de façon équilibrée lors de cette expérience sensorielle.

Dès le début, de manière positive, engagez le dialogue concernant « l'élimination » (urine/selles). Dans la mesure du possible, utilisez des couches lavables en coton. Plus économiques et écologiques que les autres, elles aident surtout votre bébé à établir une connexion entre son cerveau et l'activité de son corps, car elles sont moins absorbantes que les couches industrielles jetables. Il est important que l'enfant sente une différence entre une couche propre et une couche humide, afin de prendre conscience du processus d'élimination. Aujourd'hui, des services de pressing spécifiques existent pour faciliter la vie des parents.
Puis, quand votre enfant préfère la position « debout » à la position « allongée », changez-le dans la salle de bains. S'il est intéressé, invitez-le à s'asseoir sur des petites toilettes.

L'aménagement des toilettes

Dans les environnements Montessori, les toilettes sont aménagées pour que l'enfant soit indépendant : miroir plus

bas, tabouret, serviette et savon accessibles. L'autonomie et l'apprentissage de la propreté constituent une étape majeure pour l'enfant et la famille.
Il est important que tous les adultes soient cohérents. Quel que soit le lieu, chez vous, chez votre nourrice ou à la garderie, la même organisation doit être adoptée. Un petit pot, une pile de sous- vêtements propres, un tabouret pour s'asseoir et se changer, une corbeille pour les culottes sales sont des aménagements simples et propices à l'apprentissage de la propreté et à l'indépendance.

77. Une salle de bains aménagée pour mon indépendance

Tout-petit, l'enfant a bien évidemment besoin d'un adulte pour les soins dans la salle de bains. Le moment du bain doit être un moment d'échange serein entre le parent et son enfant.

C'est un moment où les sens sont mobilisés grâce au doux bruit de l'eau, à sa chaleur et à son contact sur la peau ; c'est aussi, souvent, un moment où vous parlez, vous chantez, vous regardez votre enfant...
Pour garder ce lien, évitez les transats de bain : le contact des bras est bien plus rassurant pour l'enfant (de plus, les transats peuvent empêcher certains mouvements). Si vous peinez un peu, une petite baignoire à votre hauteur peut être la solution. Ou alors, prenez tout simplement un bain avec votre bébé !

Quand l'enfant grandit et commence à marcher, l'idéal est d'avoir un espace consacré à ses soins, composé d'une petite table ou d'une étagère à hauteur de l'enfant, sur laquelle on pourra installer une cuvette, un petit broc et du savon pour se laver les mains. On n'oubliera pas de mettre à hauteur de l'enfant une serviette pour s'essuyer, un miroir et, pourquoi pas, une brosse à cheveux, quelques barrettes si besoin, une brosse à dents et du dentifrice. Plus tard, un marchepied pour atteindre le lavabo sera suffisant.

Se laver les mains est une grande passion des tout-petits : il faut leur donner la possibilité de s'y entraîner, d'autant que cela fait entièrement partie de l'apprentissage de la propreté ! C'est d'ailleurs en observant un enfant se laver longuement les mains que Maria Montessori a compris l'importance de la répétition et de la concentration dans le développement intérieur de l'enfant.

78. Des vêtements adaptés à mon développement

Bien souvent, le tout premier achat que font les futurs parents pour leur bébé est celui d'un vêtement : on imagine déjà son tout-petit avec un pyjama tout doux, une jolie robe, un petit short pour l'été... En effet, le vêtement sera la première enveloppe de l'enfant en dehors du ventre de sa mère : il le réchauffe, le protège et l'accompagne dans ses mouvements. Il faut donc le choisir avec soin. Voici quelques indications qui pourront vous guider :

- **Privilégiez les matières naturelles,** comme le coton, qui sont confortables, souples et respirantes. Assurez-vous que le tissu soit très doux.

- **Veillez à toujours choisir des vêtements à la taille de l'enfant,** ni trop serrés ni trop amples, surtout quand il commence à vouloir se déplacer. Dès la naissance, le bébé doit pouvoir faire des mouvements d'étirements ou être en position fœtale sans que son vêtement l'en empêche.

- Lorsque votre enfant commence à essayer de ramper, ou à se mettre à quatre pattes, **évitez les robes, aussi jolies soient-elles,** car elles peuvent être de véritables obstacles pour les genoux. Il en va de même pour les pantalons trop rigides comme les jeans : il sera plus difficile pour votre bébé de se mettre à quatre pattes et de grimper les marches de l'escalier si son pantalon l'empêche de plier les genoux.

- **Optez pour des vêtements faciles à mettre et à enlever :** pendant les tout premiers mois, habiller votre enfant doit être un moment d'échange agréable et non un parcours du combattant. Il existe par exemple des bodys avec des fermetures sur le devant qui ne nécessitent pas le passage de la tête.

- **Soyez vigilant lors de l'achat** en vérifiant notamment les fermetures du vêtement ou de la chaussure : privilégiez la simplicité et la facilité ! Les lacets, les boutons et autres nœuds pourront venir plus tard. Une difficulté à la fois ! Lorsque votre enfant sera prêt à essayer de s'habiller seul, il pourra être indépendant et autonome.

- **Évitez à tout prix les moufles pour votre nouveau-né.** En effet, in utero, le bébé touche son visage et porte souvent ses mains à sa bouche : il est donc très important d'assurer une continuité en libérant ses mains, afin qu'il puisse effectuer ces mêmes gestes rassurants et sécurisants après la naissance. Si vous craignez qu'il ne se griffe, prenez soin de lui limer tout doucement les ongles.
  Avant l'acquisition de la marche, essayez dans la mesure du possible de libérer les points d'appuis de votre enfant : les coudes, les genoux, les mains et les pieds. Une simple paire de chaussettes peut freiner le mouvement de l'enfant en limitant l'adhérence au sol !

Un dressing pour votre enfant

Toujours dans l'optique d'offrir à votre enfant un maximum d'indépendance et l'opportunité d'exercer ses propres choix, installez un petit dressing à sa hauteur, là où il a l'habitude de s'habiller : un portant, des étagères ou un tiroir avec tout le nécessaire pour choisir une tenue complète. Veillez cependant à offrir un choix limité à votre enfant, en particulier aux tout-

petits : deux ou trois tenues complètes suffisent ! Placez une petite chaise à proximité pour que votre enfant puisse se dévêtir et s'habiller confortablement. Si votre enfant veut le faire seul, c'est parfait ! Montrez-lui lentement comment faire, laissez-le essayer et observez-le patiemment, sans un mot. Si vous sentez que la frustration de ne pas y arriver devient trop grande, proposez-lui votre aide en reconnaissant qu'il est parfois difficile de s'habiller. S'il y parvient seul, constatez avec entrain sa réussite : « Je vois que tu as choisi le pantalon bleu et que tu l'as mis tout seul ! »
Inutile d'applaudir ou de récompenser votre enfant, même si cela est tentant : il construit son indépendance, non sa capacité à vous faire plaisir !

79. Laisse-moi bouger librement dès la naissance

Le mouvement, c'est la vie !

Le quatrième espace, peut-être le plus important de la maison, est celui du mouvement. En créant un espace préparé, adapté aux besoins essentiels de l'enfant et à ses périodes sensibles, l'enfant peut explorer son environnement en toute sécurité.

L'installation idéale pour un bébé est un simple matelas fin posé sur le sol, contre un mur. Sur ce dernier, un miroir horizontal placé à même le sol et de 50 cm de hauteur réfléchit son image, lui donnant des informations sur son anatomie et sa personnalité. Le reflet de l'enfant dans le miroir favorise le mouvement.

Miroir et mouvement

Avez-vous noté combien un enfant aime se regarder dans une glace et à quel point cela l'intrigue, même s'il n'est pas conscient qu'il se regarde ? Ce simple objet qui décuple son espace lui permet de découvrir les capacités de son corps.

Lorsque l'enfant peut s'asseoir, on peut placer une barre horizontale basse devant le miroir. Elle encourage l'enfant à bouger pour l'atteindre, puis l'aide à se mettre debout par ses propres moyens : un moment de joie et de sourires devant le miroir. **Pas besoin de youpala, de trotteur ou autre chariot magique à roulettes qui sont tout simplement des obstacles au développement naturel du mouvement chez l'enfant.** Il apprendra à marcher à son propre rythme si on lui donne le temps et l'espace pour découvrir ses aptitudes physiques. Cette étape doit s'effectuer naturellement : l'encourager est bénéfique, mais vouloir l'accélérer artificiellement peut s'avérer contre-productif.

Quand l'enfant marche ou se déplace à quatre pattes, toutes les précautions doivent être prises pour qu'il puisse continuer à explorer et assouvir ses besoins naturels tout en assurant sa sécurité.

80. Un espace qui évolue avec mon développement moteur

Très rapidement, autour de 5 mois, l'enfant va gagner en tonicité et souhaiter se mouvoir. Il lui faut de l'espace : le matelas doit être suffisamment grand, sans obstacles qui pourraient se dresser sur son chemin ou gêner sa vue.

Choisissez le matelas le plus simple possible ; une couverture épaisse suffit, de préférence unie ou avec un motif discret, pour ne pas troubler la vision de l'enfant lorsqu'il voudra attraper un objet posé dessus.

De nombreux « tapis d'éveil » offrent en fait trop de stimulations : une multitude de couleurs, de motifs, de matières, avec parfois des miroirs intégrés, des effets sonores... Tout cela n'est pas nécessaire et constitue même un frein pour l'exploration de l'enfant, assailli d'informations, qui ne voit même plus son jouet sur le tapis.

Faciliter le besoin d'exploration de l'enfant

Plus l'enfant se déplace, plus il a envie de découvrir son environnement. Il serait dommage de le freiner en réduisant son espace à un parc. Mettez donc vos objets précieux en hauteur, ou même dans un placard durant quelques mois. Ce sera bien plus simple pour vous que de dire constamment « non » ou de déplacer votre enfant ; et ce sera bien plus bénéfique pour lui que s'il se retrouve dans un parc ou un transat.

Tables basses, poufs et autres repose-pieds seront des supports pour votre enfant : il va pouvoir, comme avec sa barre devant le miroir, prendre appui pour se relever et voir enfin lui-même ce qu'on peut y trouver ! C'est pour lui un grand moment d'exploration et de construction de sa confiance en lui. Il faut alors le soutenir en évitant des phrases comme « attention, tu vas tomber » ou « tu vas le casser ». Mais restez à proximité et tenez-vous prêt à agir si votre enfant tombe effectivement... Vous pouvez employer une phrase simple comme « cet objet peut se casser » ou bien « cet objet est fragile, j'y tiens et je vais le mettre ailleurs », s'il s'agit vraiment d'un bien précieux.

Avec les petits comme avec les grands, plutôt que de prédire une conséquence incertaine, **mieux vaut donner des informations utiles comme « le sol est très glissant » ou « tu peux poser ton pied ici pour prendre appui »...** Votre enfant y gagnera en confiance et deviendra plus prudent et conscient des dangers.

Dans le même ordre d'idées, Maria Montessori a mis en avant le concept de « maximum effort » (voir glossaire p. 201) : l'enfant a envie et même besoin de porter des choses lourdes, comme un défi qu'il se lance à lui-même. Refoulez votre envie de lui venir en aide et ne le stoppez pas : il est en train d'apprendre à manier sa force, à exercer sa volonté et à trouver les limites de son propre corps !

81. Un espace de jeu structuré et ordonné

Quand votre enfant commence à marcher, la maison tout entière devient un espace de jeu potentiel ; pour autant, les jouets ne doivent pas s'installer dans chaque pièce ! Choisissez un endroit calme, confortable et lumineux, qui sera dédié aux jeux de votre enfant. Il peut s'agir d'une pièce entière, d'une partie de sa chambre ou bien du salon.

Des étagères plutôt qu'un coffre à jouets

Bien souvent, on a l'impression qu'un coffre est ce qu'il y a de plus pratique pour ranger les nombreux jouets de ses enfants : il suffit de l'ouvrir et de tout mettre à l'intérieur ! Seulement voilà : plus le coffre (ou le bac) est grand, plus il sera rempli

de jouets, et plus il faudra en sortir pour trouver celui dont on a besoin.

Imaginez que vos vêtements soient tous réunis et mélangés dans un seul coffre : il serait difficile d'y voir clair et de profiter pleinement de votre garde-robe ! L'installation d'étagères permet d'empêcher l'accumulation de jouets et d'éviter cet effet de désordre. À chaque jouet sa place, dans un petit panier, sur un plateau, ou directement sur l'étagère si le jouet s'y prête. Vous verrez : le rangement sera plus simple et votre enfant profitera beaucoup plus de ses jouets !

Des étagères à la hauteur de votre enfant

Pour favoriser au maximum l'autonomie et l'indépendance, évitez les étagères trop hautes. En effet, votre enfant doit être capable de voir ce qu'il y a sur les étagères et dans les plateaux ou paniers pour pouvoir faire son choix !

Limitez le choix

Si votre enfant a beaucoup de jouets (ce qui est probable !), faites une sélection, quitte à organiser un roulement. Conservez les autres jouets dans des boîtes, par exemple, hors de la portée des enfants. En observant votre enfant et en remarquant ce qu'il utilise ou non, vous pourrez faire tourner régulièrement les jouets. Profitez-en pour recycler les jouets endommagés et ceux qui offrent trop de stimulations sensorielles (un jouet multicolore qui clignote, bouge et fait de la musique en même temps peut être mis de côté sans regrets : une seule information suffit !). Nous reviendrons sur les critères de choix d'un jouet dans la règle d'or n° 89.

Une petite chaise et une table

Installées à proximité des étagères, elles vont permettre à l'enfant de se concentrer sur son activité. Veillez à ce que ses pieds touchent le sol une fois qu'il est assis.

82. Découvrez les mobiles Montessori

des mobiles pour regarder
Munari, Octaèdres, Gobbi, Danseurs

À la recherche de jouets Montessori, vous découvrirez les mobiles. Ils ont été créés pour stimuler le développement de la vision de l'enfant, laquelle n'est pas achevée à la naissance. Ces mobiles permettent d'améliorer sa vue, puis de l'aider à distinguer les formes et enfin les couleurs. Sa vue s'améliore lors des trois premiers mois. Elle est complète vers l'âge de 2 ans.

Les mobiles Montessori (par ordre d'introduction)

- **Munari :** formes géométriques simples – noir et blanc (dès la naissance) ;
- **Octaèdres :** trois octaèdres brillants – couleurs primaires (4-6 semaines) ;

- **Gobbi :** cinq ou sept boules formant un dégradé (6-10 semaines) ;
- **Danseurs :** personnages en papier brillant (3-4 mois). Quand on observe que l'enfant veut les attraper, d'autres mobiles sont également disponibles.

Aussi tentants que soient les sons et les lumières clignotantes, ils nuisent au besoin de concentration de l'enfant. Les mobiles doivent être simples et bouger naturellement, lentement.

83. Des mobiles pour diriger ma main

Au bout de trois mois, le bébé voit de mieux en mieux : il distingue de plus en plus de couleurs et sa vision s'éclaircit peu à peu. Il va commencer à être attiré par les objets qui se trouvent autour de lui, donc à vouloir les attraper ! Pour l'encourager à explorer le monde, à développer son mouvement et à prendre confiance en lui, nous pouvons lui proposer des mobiles qu'il pourra tenter d'attraper.

À cet âge, évidemment, il s'agit surtout de lui proposer des objets qui attireront suffisamment son regard pour l'inciter à diriger sa main : un premier pas vers la préhension ! Voici trois mobiles qui peuvent être achetés ou facilement fabriqués à la maison :

- **Le mobile des trois sphères :** à 3 mois, l'enfant voit maintenant très bien les couleurs primaires. D'ailleurs, elles attirent beaucoup son regard ! Ce mobile propose trois sphères : une bleue, une rouge et une jaune, suspendues à une baguette en bois et alignées horizontalement au-dessus de l'enfant.
- **Le grelot sur ruban :** un gros grelot au bout d'un ruban, de préférence élastique, suspendu au-dessus de l'enfant. Simple, mais efficace ! En bougeant ses bras, le poing de l'enfant va faire bouger le grelot qui va émettre un son. Si, dans un premier temps, ces mouvements vont accidentellement provoquer un son, l'enfant va comprendre peu à peu que c'est sa propre action qui provoque le bruit. Quelle joie pour lui de réussir à faire sonner volontairement le grelot ! Cette première forme de contrôle sur son environnement va lui permettre de construire sa confiance en lui et en ses capacités.

L'anneau sur ruban : le principe est identique à celui du grelot. Cette fois, l'anneau (ou bien un bracelet que vous ne portez plus) permet à l'enfant une prise adaptée à la taille de son poing (à condition que l'anneau ne soit pas trop épais).

Soyez patient : chaque enfant évolue à son rythme. Votre enfant n'attrapera sans doute pas immédiatement les objets qui se trouvent au-dessus de lui, mais, rien qu'en fixant son regard et en se concentrant, il apprend…

« C'est grâce au mouvement que la volonté se répand dans toutes les fibres et se réalise. »
(Maria Montessori, *l'Enfant.*)
« La difficulté n'est pas de bouger, mais bien de bouger intelligemment. L'individu ne ferait aucune conquête si cette relation entre la volonté et les muscles était inexistante. »
(Maria Montessori, *l'Enfant est l'avenir de l'homme.*)

84. Des jouets pour attraper

Vers 5 mois, généralement, l'enfant commence à vouloir attraper les objets autour de lui. Sur le tapis dédié au mouvement, préparez un petit panier avec à l'intérieur quelques objets que votre enfant pourra saisir.

En voici quelques exemples :

- **Un hochet avec des perles, en bois** ou autre matière naturelle ;
- **Des anneaux ou des disques entrelacés,** qui auront l'avantage de permettre la mobilisation des deux mains ;
- **Une balle avec des picots épais,** qui pourra être saisie facilement et que l'enfant adorera porter à la bouche ;
- **Des balles de différentes textures,** pour multiplier les expériences tactiles.

Placez tout près de votre enfant un de ces petits jouets, et observez-le se concentrer pour le saisir. Accordez-lui le temps nécessaire pour y arriver : réussir après plusieurs tentatives infructueuses est un accomplissement qui lui apportera joie et confiance en ses capacités !

85. Des jouets pour écouter

À la naissance, l'enfant reconnaît le son de la voix de ses parents ; il est également très sensible aux sons aigus. Son audition n'a pas terminé son développement, et il faut être attentif à ne pas exposer l'enfant à des sons trop forts ou trop intenses qui pourraient endommager ses facultés auditives.

Au fil des mois, son ouïe va s'affiner, et nous pouvons accompagner cette évolution en proposant à l'enfant différentes expériences auditives. Celles-ci vont l'attirer et l'inciter à tourner la tête, à se retourner, à relever la tête, à ramper…

Voici quelques suggestions :

- **Des jouets avec des grelots** : les grelots ont toujours beaucoup de succès. Qu'ils soient dans un hochet, que l'enfant saisit et secoue, ou dans un cylindre qui roule, plus ou moins grand, leur son est très stimulant.
- **Des boîtes à musique** : qu'elles soient manuelles ou mécaniques, elles fascinent petits et grands. Et elles sont souvent très esthétiques !
- **De la musique et des chansons** : prenez un temps spécifique pour partager avec votre enfant des moments musicaux. Chantez-lui des chansons, jouez d'un instrument pour lui, écoutez ensemble des musiques du monde… Privilégiez les instruments de bonne qualité ; évitez ceux qui ne sont rien d'autre que des jouets en plastique, dont les sons éloignés de la réalité n'aident en rien le développement auditif de l'enfant.

86. Des activités pour développer la coordination œil-main

Dès que votre enfant se tient assis tout seul, il libère sa main et peut commencer à manipuler des objets sans subir la contrainte de la position allongée. Il va pouvoir développer sa coordination oculomotrice, c'est-à-dire développer ses doigts et ses gestes en fonction des informations visuelles qu'il perçoit. C'est le moment de lui présenter des activités spécifiques comme des jeux d'encastrement très simples.

La « boîte de notion de la permanence de l'objet », par exemple, peut être très intéressante autour de 8 mois. Il s'agit d'une boîte avec un trou sur le dessus pour y glisser une balle : une fois dans la boîte, la balle glisse et ressort par une petite ouverture. La balle, qui avait disparu, réapparaît ! Non seulement l'enfant développe sa coordination oculomotrice en attrapant la balle et en la faisant rentrer dans la boîte, mais il travaille un nouveau concept, celui de la permanence de l'objet : ce n'est pas parce qu'elle n'est plus visible que la balle n'existe plus.
On trouve bien d'autres jeux dans le commerce : les célèbres pyramides d'anneaux sur une tige peuvent tout à fait fonctionner dès 8 mois, à condition de présenter seulement la tige avec le plus gros anneau. On peut aussi se tourner vers les premiers puzzles à encastrement très simples, tels ceux dont les pièces ont la forme d'un rond, pourvues d'un bouton de préhension ; une fois celui-ci maîtrisé, on pourra passer au triangle, puis au carré, plus complexe, et plus tard combiner plusieurs formes sur le même puzzle.
N'oubliez pas de présenter l'activité très lentement, avec des gestes très précis.

Plein de jeux chez soi

Il y a aussi chez vous tout le matériel nécessaire pour exercer de multiples activités qui conviennent tout à fait : des petites boîtes dans un panier, à ouvrir et fermer ; un ancien sac à main, dans lequel vous glisserez des objets du quotidien que votre enfant peut sortir et manipuler ; un vieux portefeuille contenant quelques cartes de fidélité que vous n'utilisez plus... Les possibilités sont infinies ! Plus votre enfant grandit, plus les manipulations pourront être complexes, en variant les systèmes de fermeture (Zip, Velcro, aimant, bouton-pression...). Il y a même de grandes chances pour que votre enfant éprouve plus d'intérêt pour ces activités que pour le beau jouet tout neuf que vous venez de lui acheter !

Autour de 18 mois, et plus encore après 2 ans, les activités sont de plus en plus élaborées et mobilisent les deux mains en même temps. Elles prendront parfois une forme « artistique » : faire de la peinture, enfiler de grosses perles sur un lacet, utiliser les ciseaux, déchirer, coller... Mais elles se retrouveront aussi dans les gestes de la vie quotidienne : fermer son manteau ou son gilet, verser de l'eau, utiliser une fourchette, étaler de la confiture sur du pain, se brosser les cheveux…

Au fur et à mesure que l'enfant grandit, les jeux se complexifient : jeux de construction, pâte à modeler, création de colliers, et pourquoi pas couture !

Enfin, le meilleur moyen de développer la coordination œil-main de son enfant est de lui donner l'opportunité d'agir pour lui-même. Laissez votre enfant de 2 ans tenter d'ouvrir son paquet de gâteaux, s'il semble vouloir le faire seul : cela vous paraîtra sans doute très long – et vous aurez très envie d'intervenir –, mais à moins qu'il n'exprime une trop grande frustration, vous ne l'aiderez pas en le faisant à sa place.

Gardez à l'esprit que l'autonomie et la manipulation vont de pair, et que l'on n'apprend pas ou peu lorsqu'un autre agit à votre place.

87. Je veux participer aux tâches de la vie quotidienne

L'important n'est pas la finalité, mais l'action

Trop souvent, les adultes évitent d'impliquer leurs enfants dans les tâches de la vie quotidienne, comme la cuisine, le ménage ou encore le jardinage, car ils ont peur qu'ils ne fassent pas les choses comme il faut, qu'ils mettent encore plus de désordre, que cela prenne trop de temps... Pourtant, ce n'est pas la finalité mais l'action qui importe pour l'enfant. Comment peuvent-ils apprendre si on ne leur en donne pas l'occasion ?

Pour que l'enfant devienne autonome et indépendant, il doit s'exercer encore et encore, donc répéter de nombreuses fois les mêmes gestes. **Les exercices de vie pratique préparent indirectement l'enfant à de nombreuses compétences futures plus académiques,** comme l'écriture par exemple, en développant les mouvements du bras et de la main. De plus, ces activités créeront un lien entre la maison et l'école Montessori, où la vie pratique occupe une place primordiale.

C'est grâce à une implication quotidienne à la maison que l'enfant gagnera en autonomie et participera activement et naturellement à la vie du foyer familial.

À la maison : activités pratiques

Commencez dès leur plus jeune âge : par exemple, lors de la préparation du dîner, si votre bébé exprime le besoin d'être auprès de vous dans la cuisine, essayez de le faire participer en lui confiant une tâche très simple. Si vous préparez une soupe, il pourra laver un ou deux légumes : cette petite mission comblera son besoin de participer et son sentiment d'appartenance. Et même si vous n'avez pas souvent l'occasion de reproduire cette scène, l'important est que votre enfant se sente utile, actif et impliqué.

Avec le temps, vous pourrez confier à votre enfant des tâches de plus en plus complexes. Cependant, n'attendez pas la perfection dès les premiers essais : comme pour toute compétence, il faut du temps, de la pratique et beaucoup de patience pour maîtriser les gestes les plus simples de la vie quotidienne. Mais si vous donnez l'opportunité à votre enfant de participer dès son plus jeune âge, il cuisinera bientôt pour toute la famille !

Voici quelques exemples de tâches de la vie quotidienne auxquelles vous pouvez faire participer votre enfant :

- **Dans la cuisine :** équeuter des haricots, éplucher des légumes, préparer un gâteau, mettre la table, remplir et vider le lave-vaisselle...
- **Dans la buanderie :** mettre le linge sale dans la machine à laver, mettre le linge propre et humide dans un bac, étendre le linge ou le mettre dans le sèche-linge...
- **Pour les tâches ménagères :** passer l'éponge sur la table, nettoyer les vitres, passer le balai, laver le sol, faire les poussières...
- **Au jardin :** ratisser et ramasser les feuilles mortes, arracher les mauvaises herbes, planter des graines...
- **À l'extérieur :** porter un sac de courses, pousser un petit caddie, laver la voiture...

Et avec des outils à la taille de l'enfant, c'est encore mieux !

88. Des livres basés sur le réel

Lire des livres avec son enfant est l'un des meilleurs moyens de développer son langage. C'est également l'occasion de partager avec lui de beaux moments de complicité, d'échanger, de se remémorer des souvenirs, de rire... Il faut donc choisir les livres qu'on lui propose avec soin.

Avant 6 ans, l'enfant absorbe tout : son esprit se nourrit de toutes les expériences du quotidien, donc du réel. Il lui est difficile de faire la différence entre le vrai et le faux : pour lui, tout ce qu'il rencontre fait partie du réel. **Offrons-lui donc du réel, des illustrations réalistes et belles !**

De nombreux livres abordent des situations de la vie quotidienne, comme les repas, le bain, les sorties en forêt, les animaux, les liens familiaux, les événements tristes ou joyeux, les émotions, la nature, les paysages… Il vaut mieux éviter à ce stade les histoires mettant en scène des animaux qui parlent, ou autres anthropomorphismes. Elles gagneront à être lues plus tard, quand l'enfant commencera à distinguer le réel de l'imaginaire.

Et l'imagination dans tout ça ?

Rassurez-vous, votre enfant ne manquera pas d'imagination, même s'il n'a pas lu de contes de fées, d'histoires de monstres ou de super-héros avant l'âge de 6 ans. Au contraire, avec une base solide de réalité construite au cours des premières années de sa vie, il pourra inventer des milliers d'histoires et se plonger dans des aventures fantastiques avec d'autant plus de passion qu'il y sera prêt. Ceci dit, il est tout à fait possible de découvrir quelques histoires fictives avant l'âge de 6 ans : précisez seulement à votre enfant que non, dans la réalité, les ours ne portent pas de vêtements et ne mangent pas à table !

Évitez cependant les histoires qui peuvent effrayer les plus jeunes (et cessons de stigmatiser le loup !) ; adultes, on ne prend pas toujours conscience de la violence de certains récits.

Montrez à votre enfant comment on utilise un livre, comment on le tient ; tournez doucement les pages avec lui, délicatement, pour bien lui faire comprendre qu'un livre est un objet précieux, dont on doit prendre soin. Privilégiez les livres cartonnés dans un premier temps.
Mettez de côté les livres abîmés ou déchirés : ce bel objet mérite d'être toujours beau et agréable à lire.

89. Bien choisir les jouets de son enfant

Maria Montessori nous a appris qu'il est bénéfique pour l'enfant de s'adapter à l'univers qui l'entoure. Il sait inventer ses propres activités autour de lui. L'important pour les parents est de bien comprendre les grands principes de la méthode Montessori. Le matériel n'est pas indispensable ; il suffit de suivre l'enfant.

Attention, l'engouement grandissant pour la méthode Montessori a créé une offre parallèle proposant de nombreux jouets et matériels « soi-disant » Montessori. Or la maison offre déjà de nombreuses opportunités d'éveil pour l'enfant, et il n'est pas nécessaire d'acheter des objets spécifiques. De plus, sauf si vous suivez l'IEF (l'instruction en famille), il n'est pas recommandé de se doter d'un matériel scolaire à la maison.

Pour vous aider à choisir un jouet pour votre enfant, faire une liste de cadeaux pour les fêtes, voici quelques conseils :

- **Choisissez dans la mesure du possible des jouets fabriqués en matières naturelles,** car les enfants les mettent souvent dans leur bouche. Ces jouets sont moins toxiques et offrent des expériences sensorielles plus variées et agréables que le plastique.
- **Évitez les jouets qui s'illuminent,** font des bruits inutiles ou nécessitent des piles. Ces caractéristiques perturbent l'attention et la concentration de l'enfant et sont bien souvent une véritable nuisance sonore (votre entourage vous remerciera !). Si vous voulez offrir à votre enfant des jouets sonores, optez pour de vrais instruments avec lesquels il pourra expérimenter et développer sa créativité, plutôt que d'appuyer sur de simples boutons.
- **Privilégiez les jeux ouverts,** c'est-à-dire sans consigne particulière, ou marqués par les dernières lubies du

marketing du jouet. Cela permettra à votre enfant d'utiliser son imagination pour inventer des histoires, de combiner des jeux ; cela évitera également une lassitude trop rapide, le jeu pouvant se renouveler sans cesse. Un exemple connu de tous : les Kapla. Simple, classique, en bois naturel, il promet des heures de jeu et des possibilités de création presque infinies, durant lesquelles votre enfant apprendra à créer et maintenir un équilibre, à jouer avec la gravité et à construire des tours de plus en plus hautes.

- **Choisissez toujours la qualité** plutôt que la quantité, qu'il s'agisse d'instruments de musique, d'outils ou d'ustensiles de cuisine. Bien qu'ils soient très mignons, les établis pour enfants ou les fausses cuisines s'avèrent plutôt frustrants, puisque l'enfant ne peut pas vraiment cuisiner, couper, scier, visser, etc. De plus, ces objets de mauvaise qualité n'incitent pas les enfants à prendre soin de leurs affaires, puisqu'ils sont souvent incassables (et peu attrayants).

- **Si votre famille et vos amis ont vraiment envie de faire plaisir à votre enfant,** suggérez-leur d'opter plutôt pour des moments à partager avec lui : sorties, visites au musée ou au zoo… Cela renforcera bien plus leur lien qu'un jouet de plus dont il n'a pas forcément besoin.

Cette liste de questions pourra vous guider lors du choix d'un jouet ou d'une activité pour votre enfant :

- Qu'apprend mon enfant avec cet objet ? A-t-il un but intelligent ?
- Aide-t-il à développer la motricité globale ou fine ?
- Permet-il d'apprendre un nouveau concept (comme la « boîte de notion de la permanence de l'objet », par exemple) ?
- Ce jeu est-il violent ?
- Permet-il à l'enfant de se concentrer ?
- Est-il approprié pour son âge ?
- Permet-il de développer l'imagination et la créativité ?

L'essentiel est de garder en tête que votre enfant, en particulier le tout-petit, a déjà une multitude de choses à découvrir dans le monde réel, à la maison, et que vous n'avez pas forcément besoin d'acheter quelque chose. Pour construire son sens de l'ordre et développer sa concentration, rien de tel que le minimalisme.

90. Protège ma concentration

« Celui qui se concentre est immensément heureux ; il ignore le voisin et tout ce qui se passe autour de lui. »

Comme nous l'avons vu précédemment, la concentration est une valeur essentielle de la pédagogie Montessori, et cette notion doit être intégrée par les adultes qui vivent auprès d'enfants, à la maison, à l'école ou ailleurs.
Nous avons tous un immense potentiel pour comprendre, créer et inventer, mais c'est seulement lorsque nous sommes parfaitement concentrés que ce potentiel se concrétise. Car c'est lors de cette concentration intense que les connexions neuronales se mettent en place et se renforcent durablement.

Lorsque vous observez un enfant qui s'adonne à une activité, à un « travail », ne l'interrompez pas, même si vous

n'en saisissez pas le sens. Continuez d'observer, et essayez de comprendre ce qui l'anime. Tant que l'enfant ne se met pas en danger, ne blesse personne et n'abîme rien, il n'y a pas lieu de l'interrompre. S'il est en train de salir quelque chose, ou de mettre de l'eau un peu partout, ce sera l'occasion de lui montrer ensuite comment nettoyer.
Parfois, même un « bravo » bien intentionné peut suffire à briser la précieuse concentration de l'enfant. Retenez-vous et attendez qu'il ait terminé pour échanger avec lui.
Les enfants sont comme nous : lorsque nous sommes très concentrés sur notre travail, nous aimons rarement être interrompus !

91. Éloignez les écrans des plus petits

On me demande souvent : « Quand dois-je laisser mon enfant regarder la télévision ou jouer aux jeux électroniques ? Combien de temps ? » Il est important de se poser ces questions aujourd'hui. La télévision n'existait pas à l'époque où Maria Montessori observait les enfants. Qu'aurait-elle pu bien dire ?

De nos jours, trop d'enfants éprouvent des difficultés à se concentrer en raison du trop grand nombre d'heures passées devant un écran. De nouvelles recherches en neurosciences montrent que les expériences réelles vécues dans leur environnement sont bien plus bénéfiques aux enfants que les heures qu'ils passent hypnotisés devant un écran. Dans ce cas, le cerveau se met dans un état somnambulique : il est peu stimulé quel que soit le contenu du programme. Il revient aux adultes de donner le meilleur à leurs enfants pour le développement de leur cerveau.

Écran attention danger !

En France, le psychiatre Serge Tisseron a lancé il y a dix ans le programme de prévention « 3-6-9-12 » qui permet de sensibiliser les parents et les professionnels aux dangers des écrans. Il souligne qu'avant 3 ans, l'enfant est en plein développement de ses repères spatio-temporels aux travers des sens et du contact humain ; or la télévision (ou un autre écran) ne mobilise que la vue et l'ouïe, sans interaction avec autrui. Elle est à la fois inutile et dangereuse, puisque le temps passé devant un écran est un temps précieux perdu pour le développement de l'enfant. Aujourd'hui, les écrans sont de plus en plus présents dans notre vie quotidienne : en tant qu'adultes, nous devons donc nous montrer particulièrement vigilants. Ma réponse aux parents : **« Pas d'écran durant la période de l'esprit absorbant (de la naissance à 6 ans), et limité par la suite. »**

Mon conseil

Vous et vos enfants méritez des moments privilégiés sans être interrompus. À la maison, éteignez votre portable. Sinon, placez-le dans un endroit où vous devrez vous déplacer pour le chercher quand il sonne. Laissez-le au même endroit une fois l'appel terminé. Si vous devez vérifier vos e-mails ou consulter les réseaux sociaux, dites-le à haute voix. S'entendre permet une prise de conscience et parfois de changer d'avis. On prend ainsi conscience de l'exemple que l'on veut donner à son enfant.

92. J'aime découvrir la nature

À la naissance, tous les enfants sont des amoureux de la nature. Cependant, comme pour le développement du langage, s'ils n'y sont pas exposés dès les premières années de leur vie, la connexion avec la nature sera difficile à établir et leur sentiment d'appartenance à une communauté plus globale, celle de tous les êtres vivants, ne se développera pas.

Avez-vous déjà observé un enfant évoluer librement dans la nature ? Il est fasciné par toutes les merveilles et toutes les subtilités qu'elle peut offrir, et cela lui procure une joie immense. C'est grâce à cette expérience et ces interactions, vécues de façon quotidienne, qu'on apprend à un enfant à aimer sa planète et à vouloir la protéger.

Trouble du déficit de nature ?

Richard Louv, auteur américain et défenseur de l'enfant et de la nature, fait le lien entre le manque d'exposition à la nature et

certaines pathologies en hausse chez les nouvelles générations ultraconnectées, comme l'obésité, la dépression ou le trouble de l'attention. Il parle même de « nature-deficit disorder », que l'on pourrait traduire par « trouble du déficit de nature ». Ses recherches l'ont menées à cette conclusion qu'une exposition directe à la nature est essentielle au bon développement de l'enfant et à la santé physique et émotionnelle des petits comme des grands. Or, bien souvent, les adultes n'ont pas conscience de ce besoin vital.

Pourtant, dès la naissance de votre enfant, la nature peut facilement s'inviter à la maison, avec par exemple un mobile naturel fait de feuilles, ou, dans le jardin, en s'allongeant sur une couverture avec son bébé pour écouter le chant des oiseaux et le bruit du vent... Une simple balade sous la pluie, ou juste après l'averse, nous permet de découvrir bien des choses : la sensation des gouttes sur son visage, l'odeur de la terre humide, les escargots qui se promènent... Tout cela stimule les sens de l'enfant et lui apporte les informations nécessaires pour comprendre la nature et s'y attacher.

Souvenez-vous : le tout-petit est un explorateur sensoriel !

Plus grand, il pourra partager d'autres moments au sein de la nature, avec vous ou en colonie de vacances, en allant camper ou en randonnée. Tous ces merveilleux souvenirs vont renforcer son amour pour la nature.

Au-delà du bien-être physique et psychique qu'il procure, ce contact joue un grand rôle dans le développement de la motricité globale de votre enfant : en forêt ou à la montagne, les obstacles naturels nous poussent a nous dépasser et à faire des efforts que nous ne ferions pas lors d'une simple promenade dans un parc.

Tout est nouveau aux yeux d'un enfant : il voit des choses que nous ne remarquons plus, et veut tout explorer, tout comprendre, au-delà de son environnement proche. Laissons-les donc nous guider et nous aider à redécouvrir la nature et le monde à travers leur regard !

« Lâchez les enfants ; qu'ils courent dehors quand il pleut, qu'ils enlèvent leurs souliers quand ils trouvent un peu d'eau et, quand l'herbe des prés est humide de rosée, laissez leurs pieds nus la fouler ; qu'ils se reposent paisiblement quand un arbre les invite à dormir à son ombre ; ils crient et rient quand le soleil les éveille le matin. »
(Maria Montessori, *la Découverte de l'enfant (1909)*.)

93. La maison, lieu de vie de l'enfant et de l'adulte

La maison est le lieu de vie principal de votre enfant : c'est son tout premier environnement, celui qui va le mener vers le chemin de l'exploration, de la curiosité, celui qui va façonner son cerveau et structurer sa pensée. C'est tout particulièrement le cas lorsqu'il commence à ramper, à se relever, et d'autant plus quand il commence à marcher.

Cela est parfois un peu effrayant pour les parents, qui se rendent compte alors que tout dans la maison peut être touché, déplacé, éventuellement abîmé ; on a peur que son enfant puisse se blesser, mais aussi qu'il perturbe l'ordre qu'on a souvent minutieusement mis en place. L'enfant évolue alors dans un environnement créé par l'adulte, pour l'adulte, et c'est une véritable source de stress !

Parfois, on peut observer deux extrêmes : d'un côté, la maison devient un musée où l'enfant ne peut rien toucher, où l'on réserve une zone bien définie dans laquelle l'enfant peut jouer, évoluer ; il est en sécurité, mais ses possibilités d'exploration sont limitées : il ne connaît pas ou peu les autres pièces de la maison.
Dans la seconde option, la maison devient le monde de l'enfant : on trouve des jouets dans toutes les pièces, en abondance. L'adulte n'y a plus vraiment sa place, mais l'enfant n'explore pas non plus le monde réel, puisque son environnement, qui lui est presque entièrement dédié, n'est pas très réaliste.

Il est nécessaire de trouver un juste milieu pour que chacun puisse s'épanouir, enfant comme adulte. Certes, vous devez protéger votre enfant (et vos affaires !) en retirant ou en mettant hors de sa portée les objets dangereux ou trop fragiles ; mais avant de lui dire « non, ne touche pas », à chaque fois qu'il tend la main vers quelque chose, évaluez le risque : cet objet est vraiment fragile ou dangereux ? Est-ce grave si mon enfant y touche ? Parfois, il suffit de regarder l'objet ensemble, de le nommer, de montrer où il se range, pour que l'enfant s'en détourne.

C'est à l'adulte de préparer l'environnement dans lequel va vivre l'enfant, mais il ne doit pas pour autant oublier ses propres besoins.

94. Un environnement sécurisé

Pour que l'enfant puisse explorer en toute sécurité, on doit réfléchir à son environnement et le préparer pour écarter tout danger. Mettez vous à quatre pattes, dans chaque pièce, et découvrez le monde du point de vue de votre enfant : on oublie parfois que, du haut de nos grandes jambes, nous ne voyons pas les mêmes choses que notre tout-petit !

Voici une liste non exhaustive des éléments que vous pouvez vérifier dans votre maison :

Dans toutes les pièces

- Les prises électriques à la hauteur de votre enfant (vous pouvez les sécuriser grâce à un cache-prise).

- Les lampes à poser et les lampes de chevet, en particulier leur fil électrique sur lequel l'enfant à quatre pattes peut tirer.
- Les fenêtres, leur système d'ouverture et surtout les meubles qui peuvent être en dessous (il vaut mieux les déplacer pour empêcher tout accès à la fenêtre).

Dans le salon

- Les câbles électriques de la télévision, du téléphone et du matériel multimédia, qui doivent être dissimulés et inaccessibles pour l'enfant.
- Le contenu des tiroirs et des boîtes à hauteur des enfants.
- Les plantes en pot, qui peuvent être toxiques.
- Les étagères, qui doivent être solidement fixées au mur.
- Les rideaux, dont la tringle doit être solidement fixée ; attention aux cordelettes à la hauteur de l'enfant (risque d'étranglement).
- La décoration : les objets décoratifs comportent-ils des éléments coupants, ou petits, que l'enfant peut porter à la bouche ?
- La table basse, dont les coins peuvent être dangereux.
- La cheminée, le poêle, qui doivent être protégés par une grille.

Dans la cuisine :

- Le contenu des tiroirs et des meubles à hauteur de l'enfant (attention aux produits ménagers, aux appareils électroménagers et aux sacs plastiques) ; si besoin, sécurisez-les et gardez un ou deux tiroirs accessibles à l'enfant.
- L'accès au four et à la gazinière.

Dans la chambre :

- Les armoires, étagères ou commodes, qui doivent être solidement fixées au mur.
- Les jouets, en particulier les petites pièces qui peuvent se détacher, ou les parties en mousse qui peuvent se déchirer.
- La présence d'un coffre à jouets : nous l'avons déjà signalé, ce n'est pas un élément adapté pour ranger les jouets. Il peut même s'avérer dangereux ! Raison de plus pour le mettre au grenier.

Dans la salle de bains :

- Le contenu des tiroirs et autres rangements à la portée des enfants : attention aux rasoirs, aux ciseaux et autres objets coupants ou fragiles, mais aussi aux produits ménagers, aux shampoings et aux médicaments.
- Les appareils électriques (comme le sèche-cheveux).

Et ailleurs… :

- Dans le garage, le contenu des rangements à hauteur de l'enfant : outils de bricolage, produits ménagers...
- Dans le jardin, attention à la toxicité de certaines plantes, mais aussi à l'accès à la piscine ou à un autre point d'eau, aux éventuels clous ou barbelés sur les murs...

Cette liste varie évidemment en fonction du lieu de vie de chacun, mais permet de prendre conscience de la multitude de dangers au quotidien que nous ne voyons plus, nous les adultes. Dans cette optique, au-delà du simple fait de s'informer, il peut être intéressant de se former aux premiers secours, en passant par exemple le PSC1 (certificat de prévention et secours civique de niveau 1) auprès des pompiers, de la Croix-Rouge ou d'autres associations agréées.

95. La discipline positive : bienveillance et fermeté

En complément de la méthode Montessori, et toujours dans le respect des individus grâce à une liberté assortie de limites (voir la règle n° 28), les outils de la discipline positive sont d'une grande aide à la maison comme à l'école.

La discipline positive, construite autour des principes de la psychologie adlérienne et profondément développée par la psychologue Jane Nelsen (adaptée en français par Béatrice Sabaté), s'inscrit parfaitement dans la construction de relations saines et harmonieuses entre l'adulte et l'enfant, et s'adresse à la fois aux parents, aux professionnels de la petite enfance et aux enfants.

Enseigner l'estime de soi

Pour Alfred Adler (1870-1937), médecin et psychothérapeute autrichien contemporain de Maria Montessori (on dit qu'ils ne se rencontrèrent qu'une fois, mais que la barrière de la langue les empêcha de véritablement communiquer), chaque individu doit avoir un sentiment d'appartenance et d'estime de soi pour pouvoir se développer et exprimer tout son potentiel.

Les concepts de la discipline positive nous exhortent à trouver de nouvelles façons de « discipliner » sans jamais utiliser les cris, la punition, l'humiliation ou les châtiments corporels. Ils permettent de trouver un juste milieu entre une éducation trop autoritaire et une éducation trop permissive ; ils nous aident à être fermes et bienveillants pour respecter les besoins de l'adulte comme de l'enfant.

Voici cinq critères, issus de la discipline positive, que nous devons considérer avant d'agir lors d'un conflit avec notre enfant :

- **L'action que je m'apprête à faire est-elle respectueuse et encourageante ?** Est-elle ferme et bienveillante à la fois ?
- **Donne-t-elle à l'enfant un sentiment d'appartenance et de dignité ?**
- **Sera-t-elle efficace à long terme ?**
- **Transmet-elle les valeurs sociales** auxquelles je crois, les bons comportements ?
- **Permet-elle à l'enfant de découvrir son potentiel** et de trouver lui-même des solutions ?

« D'où nous vient cette folle idée que pour qu'un enfant se conduise mieux, il faut d'abord qu'il se sente dévalorisé ? Pensez à la dernière fois où vous vous êtes senti humilié ou traité de façon injuste. Est-ce que cela vous a donné envie de coopérer ou de faire mieux ? » (Jane Nelsen, *la Discipline positive*.)

96. Vivre dans un environnement multilingue

Dans notre société actuelle multilingue, il est très intéressant de pouvoir exposer nos enfants à des langues différentes. Comme nous l'avons vu précédemment, le développement du langage ne peut se faire que si l'enfant est exposé à la langue ; grâce à son esprit absorbant, et guidé par la période sensible du langage, il absorbe rapidement la ou les langues de son environnement, dès la naissance (et même avant !).

Aujourd'hui, il n'est pas rare de voir des familles au sein desquelles on parle plusieurs langues couramment. L'enfant les apprend tout naturellement, sans effort (à condition que ces langues soient parfaitement maîtrisées par les adultes eux-mêmes). En effet, à la naissance, il est capable d'entendre tous les phonèmes d'une langue, donc tous les sons spécifiques que nous avons bien du mal à distinguer nous-mêmes (et à reproduire) quand nous découvrons une langue à l'âge adulte. Cette période ne dure pas, et autour de 10 mois, l'enfant se spécialise pour n'entendre plus que les sons de la (ou les) langue(s) à laquelle il est exposé chaque jour.
Il sera bien sûr toujours possible d'apprendre une autre langue, mais plus les années passeront, et plus son apprentissage demandera d'efforts.

L'apprentissage des langues étrangères

En France et dans le monde, la plupart des écoles Montessori proposent une immersion dans une autre langue et sont donc bilingues, avec dans la classe deux éducateurs qui ne parlent pas la même langue. Parfois, il peut s'agir d'une immersion totale dans une langue, ou bien d'une immersion bilingue ou trilingue.

Ce qui est certain, c'est que l'enfant, pour apprendre une langue de façon naturelle, doit être exposé à cette langue à travers un contact humain : une télévision ou un écran, quel qu'il soit, ne produira jamais la même stimulation. Pour apprendre une nouvelle langue, il faut qu'un adulte dont c'est la langue maternelle interagisse avec l'enfant très régulièrement, car cela permet d'affiner le vocabulaire et la prononciation. Souvenez-vous : l'esprit absorbant absorbe tout, même le plus subtil accent.

Jeanne-Marie, coauteur de cet ouvrage, a récemment travaillé auprès d'une famille multilingue aux États-Unis : le père, originaire de Syrie, parle arabe ; la mère, brésilienne, parle portugais. Leur fille, en plein développement langagier, a la chance de vivre dans un environnement qui la stimule grandement et qui lui permet de créer de très nombreuses connexions synaptiques. Elle aura donc trois langues maternelles.
Bel exemple de l'incroyable potentiel du cerveau humain !

97. Eux aussi ont été des élèves Montessori !

Écrivains, chefs cuisiniers, stars de la musique ou du cinéma, athlètes, entrepreneurs, membres d'une famille royale... De nombreuses écoles mettent en avant leurs anciens élèves devenus célèbres pour valoriser la méthode Montessori comme choix d'éducation et séduire de nouvelles familles.

La presse a même inventé une expression, la « mafia Montessori », pour désigner des entrepreneurs à succès qui ont tous une chose en commun : leur scolarité dans une école Montessori. **Parmi eux, on compte les deux fondateurs du célèbre moteur de recherche Google, Larry Page et Sergueï Brin. Tous deux ont eux-mêmes affirmé que c'est cette éducation qui leur a permis de sortir des sentiers battus et d'être aussi créatifs.**

Plus récemment, le fondateur d'Amazon, Jeff Bezos, a déclaré vouloir faire don d'une partie de sa fortune pour la création d'écoles maternelles d'inspiration Montessori. Il affirme que sa scolarité Montessori a eu une grande influence sur sa façon de réfléchir et d'agir. Dans une interview, il s'est confié sur ses années de maternelle : « J'ai beaucoup de souvenirs de l'école Montessori. J'ai cette image très claire de tracer des lettres rugueuses ; je me souviens d'une petite planche spéciale sur laquelle on pouvait s'entraîner à lacer ses chaussures. »

La pédagogie Montessori est adaptée à tous, et nous espérons vivement qu'elle deviendra la norme et sera accessible à tous. Même si les enfants des écoles Montessori ne deviennent pas tous célèbres, ils bénéficient de la beauté de cette approche : ils acquièrent les compétences et les outils nécessaires pour devenir la personne qu'ils désirent être.

98. Guidons les citoyens de demain

« Établir la paix durablement est le travail de l'éducation. La politique ne peut qu'éviter la guerre. »

Maria Montessori ne se tournait pas seulement vers la détresse des enfants du monde ; elle a également œuvré toute sa vie pour la paix. Elle a d'ailleurs été nommée trois fois pour le prix Nobel de la paix ! Son travail autour de l'« éducation cosmique », la préparation de l'environnement et le respect de l'enfant tend à mener naturellement ce dernier vers l'empathie et la pleine conscience, en faisant de lui un futur citoyen pacifique.

L'éducation à la paix et à la tolérance commence dès le plus jeune âge, en particulier durant le premier plan de développement, pendant lequel l'esprit absorbant est le plus actif. Inconsciemment, les enfants impriment les comportements et les normes culturelles et sociales autour d'eux ; ils absorbent également les préjugés et la vision du monde de leur famille. Il est donc de notre devoir de rester vigilants et attentifs aux valeurs que nous transmettons, pour que l'enfant grandisse en ne retenant que le meilleur de l'humanité. Car, comme le souligne Maria Montessori, « l'éducation est une arme de paix ».

Éducation émotionnelle et apprentissage de la tolérance

Bien souvent, on trouve dans les classes un « coin calme », légèrement isolé, confortable, avec des outils (comme un bâton de pluie ou une balle à malaxer) sur lesquels les enfants peuvent se concentrer pour réguler leurs émotions quand ils en ressentent le besoin. Cela peut les aider à mieux reconnaître leurs propres émotions, à comprendre celles des autres et à mieux résoudre les conflits.

Dans les classes élémentaires, où l'aspect social de l'enfant a une place importante, l'apprentissage de la tolérance prend tout son sens ; les enfants sont amenés à croire en eux-mêmes, en leurs compétences et leurs capacités, et à respecter celles des autres. Ils grandissent en ayant conscience que chacun est différent. Les différences ethniques, économiques, sociales et culturelles importent peu : ils sont tous des enfants au sein d'une même communauté et contribuent tous d'une manière ou une autre, même s'ils évoluent à des rythmes différents.

Les éducateurs sont précisément là pour leur donner les outils nécessaires afin qu'ils prennent conscience des inégalités de notre société et puissent les dépasser, notamment à travers l'histoire et la vie au sein d'un groupe. Ainsi, les enfants explorent leur identité et leurs singularités au sein d'un environnement sûr et propice au développement.

« S'intéresser à l'enfant, c'est s'intéresser à l'humanité. Il faut enseigner à l'adulte que l'humanité peut devenir meilleure seulement s'il s'intéresse d'abord à l'enfant. Nous devons tous nous rendre compte que l'enfant construit l'homme. »
(Maria Montessori, *l'Enfant est l'avenir de l'homme*)

99. Quand Montessori rime avec minimalisme

Avez-vous remarqué à quel point l'environnement Montessori est paisible, épuré et ordonné ? C'est tout simplement parce que Maria Montessori mettait l'accent sur le besoin de simplicité et d'ordre. Nous savons maintenant qu'un environnement encombré va de pair avec un esprit encombré. Les enfants s'épanouissent davantage avec un nombre de jouets limité, et des études ont confirmé que lorsque les murs des salles de classe sont trop chargés, la concentration des enfants diminue et leur capacité à apprendre également.

La sensibilité à l'ordre qu'ont les enfants n'est pas seulement importante pour eux, mais aussi pour les adultes qui vivent et travaillent à leurs côtés. Dans une maison ou une salle de classe Montessori, tout a une place et il n'y a pas de désordre : ainsi, les principes Montessori et le minimalisme s'accordent naturellement.

De la beauté avant toutes choses

Maria Montessori recommandait d'entourer les enfants de beauté : la beauté d'un environnement simple, attractif et bien organisé. Elle pensait qu'un tel contexte était nécessaire aux jeunes enfants pour connaître la tranquillité intérieure et se concentrer pleinement sur leurs activités. Dans une maison où règne l'ordre, on trouve une ambiance sereine et calme, et cela a un impact sur chacun de ses habitants.

Aujourd'hui, de plus en plus de familles Montessori pratiquent l'approche minimaliste et font le tri dans leurs affaires et leurs jouets. Désencombrer son environnement et ranger apporte de la joie et favorise en outre un mouvement « zéro déchet ».

C'est un vrai défi à relever pour la société de consommation dans laquelle nous vivons, et c'est à nous de montrer l'exemple pour aider les futures générations à évoluer et à se libérer du matérialisme. De même, il est important d'apprendre aux jeunes générations à réduire leurs déchets, à réutiliser des objets, recycler et composter, afin qu'elles prennent soin de la planète à leur tour.

Ces principes sont également valables pour nos emplois du temps, car nous devons apprendre à ralentir et suivre le rythme naturel des enfants. Évitons de leur imposer trop d'activités extrascolaires et tâchons de ne pas avoir un programme trop chargé, ni pour eux ni pour nous. Mettre de côté les appareils qui n'apportent qu'une satisfaction immédiate, comme le portable par exemple, nous aidera aussi à ralentir et à jouir du temps dont nous disposons pour nous et notre famille. **N'oublions pas que pour bien prendre soin de ses enfants, il faut pouvoir prendre soin de soi !**

100. Une philosophie de vie

Vous avez compris à présent que la pédagogie Montessori est bien plus qu'une méthode éducative et un matériel spécifique. C'est avant tout un mode de vie qui prend en compte le développement naturel de l'être humain. La méthode Montessori, c'est avoir confiance en la capacité de l'humain à évoluer, mais c'est aussi comprendre le rôle que l'adulte peut jouer dans ce développement.

C'est aussi donner à ses enfants les outils nécessaires pour s'adapter à leur environnement et à leur culture, leur donner les capacités et l'attitude positive pour changer ce qui doit être changé, améliorer ce qui doit être amélioré, protéger ce qui doit être protégé... C'est leur enseigner la compassion et la détermination.

Nous espérons vous avoir donné les informations nécessaires pour être le parent, l'éducateur ou tout simplement l'adulte que vous souhaitez être.
Vous avez pris conscience de l'importance des périodes sensibles, de l'universalité des tendances humaines et des plans de développement ; vous savez aussi à quel point l'observation est essentielle. Exercez-vous le plus possible à observer, à croire en l'évolution humaine. Vos enfants le méritent tout autant que vous. Exercez-vous à guider vos enfants pour vous assurer qu'ils exploitent leur incroyable et unique potentiel !
Continuez à apprendre, n'hésitez pas à demander de l'aide, et surtout prenez soin de vous et de vos enfants.

Glossaire Montessori

Lorsqu'on se penche d'un peu plus près sur les écrits de Maria Montessori, on se rend compte qu'elle utilise un vocabulaire très spécifique pour désigner ses concepts et décrire l'enfant et son développement. Certains termes peuvent même paraître un peu étranges !

Ce glossaire, traduit par Annette Haines (éducatrice renommée qui a formé un grand nombre d'éducateurs aux États-Unis), pourra vous éclairer sur ces termes qui vous seront bientôt familiers.

Adaptation
L'enfant a un pouvoir spécial, en lien avec le concept d'esprit absorbant : l'adaptation. Ce pouvoir est un processus par lequel le tout-petit utilise son environnement pour se développer puis devenir partie intégrante de cet environnement. Il absorbe la culture, les coutumes, les habitudes, les ambitions et les attitudes de la société dans laquelle il grandit, rien qu'en vivant dans cette société.

Âges mélangés
Une des caractéristiques de la méthode Montessori est que les enfants de tous âges travaillent ensemble. Le regroupement par âge se base sur les niveaux de développement. Les enfants de 3 à 6 ans sont à la Maison des enfants ; ceux de 6 à 9 ans sont au premier cycle élémentaire et ceux de 9 à 12 ans au second cycle élémentaire. Le travail individuel permet aux enfants de progresser à leur rythme ; ils coopèrent plutôt que d'être en compétition.

Analyse des mouvements
C'est une technique utilisée par les éducateurs Montessori. Quand il présente une action complexe à en enfant, l'adulte la divise en plusieurs parties et montre cette action étape par étape, lentement et avec la plus grande exactitude. L'action devient alors une séquence de mouvements simples, et l'enfant a beaucoup plus de chances de parvenir à la réaliser.

Du concret vers l'abstrait
Il s'agit d'une progression à la fois logique et adaptée au développement. On présente d'abord à l'enfant un objet concret qui représente une idée abstraite, par exemple la taille ou la couleur. Grâce à cette expérience pratique, l'enfant comprend l'idée inhérente à l'objet et une idée abstraite se forme dans son esprit. Au fur et à mesure de son développement,

l'enfant sera capable de comprendre la même idée de façon symbolique.

Coordination des mouvements

Un des accomplissement majeurs de la petite enfance. Par ses propres efforts, l'enfant va améliorer sa coordination musculaire et acquérir une indépendance d'activité de plus en plus grande. Ce besoin de développement fait que les enfants sont attirés par les activités de mouvement, et en particulier par celles qui demandent un certain niveau d'exactitude et de précision.

Cycle de travail

Lorsqu'un jeune enfant entreprend une activité qui lui plaît, il va répéter l'action de nombreuses fois sans raison apparente, ne s'arrêtant que lorsque le besoin intérieur qui le force à cette action est satisfait. Pour permettre des cycles de travail longs et concentrés, Montessori recommande une période de travail ininterrompue de trois heures.

Cycle de trois heures

Après des années d'observation à travers le monde, Montessori a constaté que lorsqu'on leur accorde suffisamment de liberté, les enfants avaient un cycle de travail si prévisible qu'on pouvait le dessiner sous forme de graphique. Ce cycle, composé de deux pics et d'un creux, dure environ trois heures. Dans une école Montessori, les enfants ont trois heures de temps ininterrompu pour choisir une activité indépendante, s'impliquer et répéter à leur guise.

Discipline intérieure

C'est l'autodiscipline. Dans une salle de classe Montessori bien gérée, la discipline n'est pas le résultat de l'autorité du professeur ni de punitions ou de récompenses. Elle vient de chaque enfant qui peut contrôler ses propres actions et faire des choix positifs sur son comportement personnel. L'autodiscipline est intimement liée au développement de la volonté.

Effort maximum (voir Maximum effort)

Embryon spirituel
Les trois premières années de la vie sont une période de création cérébrale, au même titre que les neuf mois passés in utero sont une période de création physique. Le cerveau doit expérimenter pour s'étoffer. Après la naissance, le développement mental est si considérable que Maria Montessori appelait l'enfant en bas âge un « embryon spirituel ».

Enrichissement du vocabulaire
Le vocabulaire du jeune enfant s'enrichit énormément entre 3 et 6 ans. Pour nourrir son besoin naturel de nouveaux mots, on lui donne du vocabulaire, par exemple des mots issus du domaine de la biologie, de la géométrie ou de la géographie, ou encore les noms attribués au matériel sensoriel. L'esprit absorbant de l'enfant assimile tous ces nouveaux mots rapidement.

Environnement préparé
La classe Montessori est un environnement préparé par l'adulte pour l'enfant. Il contient l'essentiel pour un développement optimal, et rien de superflu. Les attributs d'un environnement préparé sont l'ordre et la réalité, la beauté et la simplicité. Tout est à la taille des enfants pour leur permettre de développer leur indépendance. L'éducateur et un groupe assez large d'enfants d'âges mixtes font aussi partie de l'environnement préparé.

Esprit absorbant
Il désigne un esprit capable d'absorber les connaissances rapidement et sans effort. Maria Montessori parlait de l'enfant, de la naissance à 6 ans, comme d'un esprit absorbant.

Esprit mathématique
Tous les bébés naissent avec l'esprit mathématique, c'est-à-dire qu'ils ont une inclination pour apprendre les choses qui améliorent leur capacité à être précis et ordonné, à observer, à comparer et à classifier. L'être humain a naturellement tendance à calculer, mesurer, raisonner, résumer, imaginer et créer. Mais cette partie vitale de l'intelligence a besoin d'être guidée pour se développer et fonctionner correctement. Si un jeune enfant ne pratique pas son esprit mathématique, son subconscient ne l'acceptera pas à l'avenir.

Exercices de la vie pratique
C'est l'un des quatre domaines d'activités de l'environnement préparé de la pédagogie Montessori. Les exercices de la vie pratique ressemblent au simple travail de la vie à la maison : balayer, faire les poussières, faire la vaisselle... Ces activités pratiques aident l'enfant à s'adapter à sa nouvelle communauté, à apprendre la maîtrise de soi et à se voir comme un contributeur au sein d'un groupe social. L'enfant développe son intelligence en travaillant avec ses mains ; sa personnalité se dessine, son corps et son esprit s'harmonisent.

Explosion des compétences
Le développement humain ne se fait pas forcément de manière progressive, « lentement mais sûrement ». Les informations s'acquièrent parfois soudainement, de façon explosive. Ces explosions de compétences sont la soudaine manifestation extérieure d'un long processus de développement intérieur. Par

exemple, l'explosion du langage parlé vers l'âge de 2 ans est le résultat de nombreux mois de préparation intérieure et de développement cérébral.

Indépendance

Les étapes importantes du développement telles qu'apprendre à marcher, à parler, etc. sont vues comme une série d'événements qui permettent à l'enfant d'atteindre l'individualisation, l'autonomie et l'autorégulation. Durant les quatre niveaux de développement, l'enfant et le jeune adulte cherchent continuellement à devenir indépendants. C'est comme si l'enfant disait « aide-moi à faire seul ».

Matériel sensoriel

Le matériel sensoriel a été créé pour aider les jeunes enfants à développer et organiser leur intelligence. Ce matériel scientifiquement conçu isole une caractéristique spécifique : couleur, forme, taille, etc., et cette isolation permet de concentrer son attention sur cet aspect précis. En manipulant plusieurs fois ces objets, l'enfant va former des idées claires ou des concepts abstraits. Ce qui ne peut être expliqué par des mots, l'enfant l'apprendra en travaillant avec le matériel sensoriel.

Maximum effort

Les enfants apprécient les tâches difficiles qui mettent à l'épreuve leurs compétences. Ils prennent plaisir à faire le « maximum effort ». Par exemple, un tout-petit s'efforcera de tenir en équilibre un plateau avec des verres de jus de fruits, ou de pousser une brouette, tandis qu'un enfant en âge d'aller à l'école préférera une équation compliquée à une addition basique.

Normalisation

Si de jeunes enfants vivent des périodes répétées de concentration spontanée sur une tâche qu'ils ont choisie, ils vont commencer à montrer les signes d'un développement « normal » : le goût du travail individuel et du calme, l'attachement à la réalité. Les enfants dits « normalisés » sont plus heureux : ils sont enthousiastes, généreux et attentionnés. Ils font des choix judicieux dans leur travail et cela reflète leur niveau de développement.

Obéissance

L'obéissance est un acte volontaire qui se développe peu à peu et qui apparaît de manière inattendue à la fin d'un long processus de maturation. Pendant que ce développement intérieur se met en place, un jeune enfant peut se montrer obéissant, de manière occasionnelle, mais aussi s'avérer incapable de le faire de façon constante. Grâce à l'exercice de son choix, sa volonté se développe et l'enfant apprend l'autodiscipline et la maîtrise de soi qui sont nécessaires à l'obéissance.

Périodes sensibles

Les jeunes enfants vivent des périodes sensibles passagères et ils ont un besoin irrépressible de faire des activités spécifiques liées à ces sensibilités. Un enfant en période sensible va montrer une concentration spontanée lorsqu'il s'implique dans une activité reliée à une sensibilité particulière. Par exemple, un enfant dans une période sensible de l'ordre sera attiré par les activités se rapportant à l'ordre. Dans un état de concentration extrême, il va parfois répéter l'activité en boucle, sans récompense extérieure ni encouragement. Les jeunes enfants sont attirés naturellement par les aspects spécifiques de l'environnement qui correspondent à leurs besoins de développement.

Présentation
Au sein de l'environnement Montessori, l'adulte n'enseigne pas de façon traditionnelle. Il montre plutôt à l'enfant comment utiliser une variété d'objets, puis laisse l'enfant libre d'explorer et d'expérimenter. Cette action de montrer est appelée « présentation ». Pour être efficace, elle doit être faite lentement et avec précision, pas à pas et avec un minimum de mots.

Présentation indirecte
L'esprit absorbant des jeunes enfants fait que chaque action, chaque événement est vu comme une leçon. Les enfants apprennent en regardant les autres travailler ou en voyant un autre enfant apprendre une leçon. De la même façon, ils vont rapidement assimiler les schémas comportementaux et le vocabulaire utilisés par leur famille, les autres enfants et même la télévision.

Répétition
Le travail du jeune enfant est très différent de celui de l'adulte. Quand un adulte travaille, il se fixe un objectif et s'arrête lorsque celui-ci est atteint ; un enfant, lui, ne travaille pas pour accomplir un projet extérieur mais plutôt pour un but intérieur. Par conséquent, l'enfant répète une activité jusqu'à ce que le but intérieur soit atteint. Ce besoin inconscient de répéter aide l'enfant à coordonner ses mouvements ou à acquérir une aptitude particulière.

Du simple au complexe
Ce principe est utilisé dans la séquence de présentation au sein d'une classe Montessori. On présente d'abord aux enfants un concept ou une idée dans sa forme la plus simple. Au fur et à mesure qu'ils progressent et deviennent capables de faire des connexions plus complexes, ils vont pouvoir saisir des informations moins isolées.

Tendances humaines

Un concept central de la philosophie Montessori est que l'être humain manifeste certaines prédispositions universelles, quels que soient son âge, sa culture ou ses origines. Elles existent depuis la nuit des temps et sont probablement le résultat de l'évolution.

Travail

La longue période de l'enfance existe pour que l'enfant puisse apprendre et expérimenter dans un environnement apaisé. La plupart des sociologues parlent de « jeu », mais Maria Montessori considèrait cela comme le « travail de l'enfance ». Les enfants prennent en effet très au sérieux ce genre de jeu qui stimule leurs besoins de développement, en leur donnant du temps et de l'indépendance. Ils choisissent donc des activités utiles plutôt que des jeux fictifs et futiles.

Maria Montessori

Maria Montessori eut une vie
et une carrière exceptionnelles.
Cette chronologie vous permettra
de repérer les dates
les plus importantes de son histoire.

Chronologie 1870-1952

1870

Maria Montessori, fille unique d'Alessandro Montessori (1832-1915) et de Renilde Stoppani (1840-1912), naît le 31 août à Chiaravalle dans la province d'Ancône, en Italie.

1896

Le 10 juillet, elle soutient sa thèse de doctorat sur « Les hallucinations antagonistes » et devient l'une des premières femmes à recevoir son diplôme de médecine à l'université de Rome.

Du 20 au 23 septembre, elle représente l'Italie au Congrès international des femmes, à Berlin, où elle s'exprime sur les droits des femmes au travail, notamment au sujet de l'égalité salariale.

1897-1898

Pendant deux ans, elle travaille au sein de la clinique psychiatrique de l'université de Rome. Durant cette période, elle découvre les écrits des médecins français Jean Itard (1774-1838) et Édouard Séguin (1812-1880), qui travaillaient auprès d'enfants handicapés.

1898

Le 31 mars, naissance de son fils Mario (1898-1982), fruit de sa relation avec Giuseppe Montesano (1868-1951), qui était son professeur de psychiatrie à la clinique de l'université de Rome. L'enfant, né hors mariage, est élevé dans une ferme jusqu'à l'âge de 12 ans.

1899

Maria assiste au Congrès international des femmes, à Londres ; elle y rencontre la reine Victoria.

1899-1906

Elle étudie l'hygiène et l'anthropologie à l'institut de formation pédagogique pour femmes de Rome.

1900

Elle devient codirectrice de l'École orthophrénique de Rome.

1901

Elle étudie la pédagogie, la psychologie appliquée et l'anthropologie à l'université de Rome.

1904-1908

Maria Montessori donne des conférences en anthropologie et en biologie à l'institut de formation de l'université de Rome.

1907

Le 6 janvier, la « Casa dei Bambini » (la Maison des enfants), première école Montessori, ouvre ses portes au 58 de la Via dei Marsi, à Rome.

1909

La première formation Montessori est donnée à Città di Castello, en Ombrie. Écriture de son premier livre qui paraît la même année à Rome chez l'éditeur S. Lafi : *Il Metodo della Pedagogia Scientifica applicato all'educazione infantile nelle*

Case dei Bambini (ouvrage paru en français sous le titre : *la Méthode Montessori*).

1910

Publication de son deuxième livre, *l'Antropologia pedagogica*, qui paraît à Milan chez Vallardi.

1911

Maria quitte son poste de professeur à l'université de Rome ainsi que son cabinet médical privé pour se consacrer pleinement à l'éducation.
La méthode Montessori, déjà mise en pratique dans certaines écoles en Angleterre et en Argentine, commence à se mettre en place dans des écoles suisses et italiennes.
Des écoles Montessori ouvrent aussi leurs portes à Paris, New York et Boston.

1913

Le premier cours international de la pédagogie Montessori a lieu à Rome, parrainé par la reine d'Italie, Marguerite de Savoie. Il réunit des étudiants du monde entier qui sont formés à la méthode Montessori.
Maria Montessori effectue un premier voyage aux États-Unis, où elle fonde la Montessori Educational Association. Celle-ci compte parmi ses membres Alexander Graham Bell et son épouse Mabel Bell, le journaliste Samuel Sydney McClure et Margaret Woodrow Wilson, fille du président des Etats-Unis.

1914

Deuxième cours international à Rome. Le troisième livre de Maria Montessori, *Dr. Montessori's Own Handbook*, est publié à New York.

1915

Maria voyage pour la deuxième fois aux États-Unis, accompagnée de son fils Mario.
Durant l'Exposition internationale de Panama-Pacific à San Francisco, une salle de classe Montessori en verre est mise en place, permettant aux visiteurs d'observer les enfants.

1916

Elle s'installe à Barcelone suite à l'invitation de la municipalité. La ville restera son lieu de vie principal jusqu'au coup d'État militaire du général Franco, en 1936, qui sonna les débuts de la guerre civile.
Quatrième cours international à Barcelone. Des écoles modèles Montessori et une chapelle pour enfants sont installées à Barcelone, ainsi qu'un institut de formation pour enseignants, le tout soutenu par le gouvernement catalan.
Son quatrième livre, *l'Autoeducazione nelle Scuole Elementari*, paraît à Rome.

1919

Une formation Montessori a lieu à Londres, selon le format qui deviendra la norme : cinquante heures de conférences, cinquante heures de formation pratique et cinquante heures d'observation de cours Montessori.

1920

Conférences à l'université d'Amsterdam.

1921

Formations Montessori à Londres et à Milan. Avec Béatrice Ensor et Adolphe Ferrière, création de la New Education Fellowship (connue aujourd'hui sous le nom de World Education Fellowship), une association focalisée sur l'éducation et la pédagogie. Maria Montessori en est une membre active et s'engage dans des débats animés avec les plus grands pédagogues réformateurs de l'époque, tels Jean Piaget, John Downey et Roger Cousinet.

1922

Publication de *I bambini viventi nella Chiesa in Naples*, premier livre de Maria Montessori sur la liturgie catholique du point de vue des enfants.

1923

Formations Montessori à Londres et aux Pays-Bas.
À Vienne, en Autriche, Maria Montessori visite pour la première fois la « Haus der Kinder », une Maison des enfants qui a vu le jour l'année précédente, grâce à Lili Roubiczek. Début d'une amitié et d'une collaboration avec Lili Roubiczek (épouse Peller) et Lisl Herbatschek (épouse Braun), entre autres.

1924

Formation Montessori de quatre mois à Amsterdam.
Rencontre entre Maria Montessori et Benito Mussolini (arrivé au pouvoir en 1922), qui débouche sur la reconnaissance officielle et l'instauration généralisée des écoles Montessori par le gouvernement italien.

1925

Formation Montessori à Londres. Au cours de celle-ci, Mario Montessori, fils de Maria, reçoit son diplôme Montessori.

1926

Séjour de Maria Montessori en Argentine.
Elle présente son livre *l'Éducation et la Paix* à la Société des Nations, à Genève.

1927

Maria Montessori est présentée à la cour royale d'Angleterre. Elle visite pour la première fois des écoles en Irlande.

1928

Paution à Vienne du livre *Das Kind in der Familie* (titre français : *l'Enfant dans la famille*), basé sur les conférences que Maria Montessori donna à Vienne en 1923.

1929

Un centre de formation Montessori ainsi qu'une école modèle Montessori sont construits à Rome ; Maria Montessori collabore avec les architectes.
Premier congrès international Montessori à Helsingør, au Danemark, sur le thème « La nouvelle psychologie et le progamme éducatif ».
Maria Montessori fonde, avec son fils Mario, l'Association Montessori internationale (AMI), dont le siège se trouvera à Berlin jusqu'en 1935.

1930

Formation internationale Montessori à Rome.
Conférences à Vienne, pendant lesquelles Maria rencontre la psychanalyste Anna Freud.

1931

Deuxième congrès international Montessori à Nice, dont le thème est « Les principes de la psychologie de l'éducation ».
Formations internationales à Rome et en Angleterre.
Mahatma Gandhi, guide du mouvement pour l'indépendance de l'Inde, visite des écoles Montessori à Rome.

1933

Troisième congrès international Montessori à Amsterdam.
En Allemagne, où Hitler vient d'accéder au pouvoir, le parti nazi détruit le mouvement Montessori, dont toutes les écoles ferment.
Formations Montessori à Londres, Dublin et Barcelone.

1934

Quatrième congrès international Montessori à Rome.
Pourtant, les relations avec le pouvoir fasciste sont devenues très tendues. Sous surveillance policière depuis 1932, Maria Montessori décide de quitter l'Italie pour l'Espagne. Deux ans plus tard, en 1936, le régime mussolinien ordonnera la fermeture de toutes les écoles Montessori.

1935

L'Association Montessori internationale (AMI) déplace son siège à Amsterdam.

1936

Cinquième congrès international Montessori à Oxford, en Angleterre.
Maria développe les principes de l'enseignement élémentaire (« éducation cosmique ») et de l'enseignement secondaire.
Elle quitte Barcelone pour l'Angleterre, puis les Pays-Bas.

1937

Sixième congrès international Montessori à Copenhague, au Danemark.

1938

Septième congrès international Montessori à Édimbourg, en Écosse.

Lors d'un discours à la Sorbonne, Maria lance un appel à la paix mondiale.

1939-1946

En 1939, Maria et son fils Mario sont invités en Inde par la Société théosophique de Madras, pour y donner une formation de trois mois. L'Inde est alors une colonie britannique. Mais en 1940, l'Italie faisant partie des puissances de l'Axe, les Britanniques, considérant que Mario et sa mère sont des ressortissants italiens, donc des ennemis, ordonnent la détention de Mario et l'assignation de sa mère à résidence. Fort heureusement, le vice-roi des Indes a beaucoup de respect pour Maria Montessori et permet la libération de son fils le jour de son soixante-dixième anniversaire. Cependant, ni l'un ni l'autre n'auront le droit de quitter le pays tant que la guerre ne sera pas terminée.
Maria et son fils emploieront principalement ce temps à donner des formations Montessori : à Madras, à Kodaikanal, à Karachi et à Ahmedabad, en Inde, mais aussi à Ceylan.
Par ailleurs, Maria développe le plan d'« éducation cosmique » avec l'aide de Mario.

1946

Retour de Maria et Mario en Europe.
Formation Montessori à Londres.

1947

Maria Montessori fonde un centre Montessori à Londres.
Elle rentre en Italie. La société Montessori renaît et les établissements rouvrent.
Retour en Inde où elle donne une formation à Adyar.

1948

Formations à Ahmedabad, Adyar et Poona ; conférences à Bombay. À Gwalior, en Inde, Maria supervise l'ouverture d'une

école modèle pour enfants jusqu'à l'âge de 12 ans.
Visite de l'institut de formation Montessori et de l'école modèle de Colombo, au Sri Lanka.

1949

Formation d'un mois au Pakistan, assistée par Mario Montessori et Albert Max Joosten.
Retour définitif en Europe.

1950

À Florence, en Italie, Maria Montessori fait un discours à la conférence générale de l'Unesco.
Conférence internationale qui célèbre le 80e anniversaire de Maria Montessori, à Amsterdam.

1951

Troisième nomination de Maria (après 1949 et 1950) pour l'attribution du prix Nobel de la paix.
Neuvième congrès international Montessori à Londres.
Dernière formation donnée par Maria Montessori à Innsbruck, en Autriche.

1952

Décès de Maria Montessori le 6 mai à Noordwijk aan Zee, aux Pays-Bas, où elle est enterrée.

Bibliographie

Si vous souhaitez aller encore plus loin
dans vos recherches sur la méthode Montessori,
ou plus généralement sur les outils
que l'on peut mettre en place pour vivre
en harmonie avec son enfant,
une multitude d'ouvrages existent
et pourront vous donner de nombreuses clés.

En voici une sélection :
cette liste est bien évidemment non exhaustive,
mais vous apportera une base solide
dans votre quête de réponses !

Bibliographie

Pour découvrir les travaux de Maria Montessori

> **Maria Montessori**
l'Enfant (1935),
Desclée de Brower, nouvelle édition, 2018

> **Maria Montessori**
l'Esprit absorbant de l'enfant,
Desclée de Brower, nouvelle édition, 2003

Pour en savoir plus sur le cerveau de l'enfant

> **Catherine Gueguen**
Pour une enfance heureuse,
Pocket, 2015

> **Catherine Gueguen**
Vivre heureux avec son enfant,
Pocket, 2017

> **Tina Payne Bryson** et **Dr Daniel J. Siegel**
le Cerveau de votre enfant,
Marabout, 2011

Pour en savoir plus sur la parentalité positive

> **Adele Faber** et **Elaine Mazlish**
Parler pour que les enfants écoutent, écouter pour que les enfants parlent,
éditions du Phare, 2012

> **Jane Nelsen**
la Discipline positive en famille, à l'école...
Marabout, 2014

> **Tina Payne Bryson** et **Dr Daniel J.Siegel**
la Discipline sans drame,
Marabout, 2019

Collection « Les 50 règles d'or » chez Larousse

Jeanne-Marie Paynel
Les 50 règles d'or de la méthode Montessori, 2018

Bénedicte Péribère et **Solenne Roland-Riché**
Les 50 règles d'or de l'éducation positive, 2016

Collection « les clés de l'éducation positive » chez Larousse :

Maud Grelet
Éveiller son enfant avec Montessori (0-3 ans), 2019

Marjorie Schneider
Aider son enfant à grandir avec Montessori ! (6 à 10 ans), 2018

Biographie des auteurs

Jeanne-Marie Paynel, fondatrice de « Voilà Montessori », est conseillère parentale spécialisée dans l'éducation Montessori, en particulier dans le foyer familial, de la période périnatale jusqu'à 6 ans. Sa mission est d'aider les parents à se préparer, à créer à la maison un environnement adapté, paisible et constructif qui permettra à chaque enfant de s'épanouir, d'apprendre et d'être indépendant. Invitée à des conférences à travers le monde, elle intervient pour partager sa passion pour l'éducation Montessori, la discipline positive et la parentalité bienveillante et respectueuse.
Jeanne-Marie Paynel, possède un master en sciences de l'éducation, spécialisée dans l'éducation Montessori de 0 à 3 ans, puis de 3 à 6 ans (*AMI Diplôma*).

Pour en savoir plus, visitez www.voilamontessori.com, ou suivez Jeanne-Marie sur YouTube, Facebook et Instagram où elle partage son expertise et sa passion pour l'éducation Montessori et la discipline positive.

Elle est l'auteur des *50 règles d'or de la méthode Montessori* paru chez Larousse en 2018.

Violaine Perrault est éducatrice Montessori dans une école Montessori bilingue de Paris. C'est en 2009, qu'elle découvre la pédagogie Montessori auprès de Jeanne-Marie Paynel aux États-Unis. Ayant obtenu le concours de Professeur des écoles, elle enseigne deux années en école publique et convaincue de la pertinence de la pédagogie Montessori, elle décide de se former officiellement et exerce désormais auprès des tout-petits dans une communauté enfantine bilingue au cœur de Paris.
Violaine Perrault se passionne pour le monde de la petite enfance, le développement du cerveau et les neurosciences, mais aussi la discipline positive et l'éducation bienveillante.

Mes notes :

Remerciements

Un immense merci à nos relecteurs Sylvie et Ophélie Perrault et Joël Paynel pour leur aide précieuse, leurs encouragements et leurs conseils avisés.
Nous remercions également vivement les familles des quatre coins du monde qui ont participé à l'élaboration de cet ouvrage grâce à leurs photographies :
Anna Christina Jost, du blog www.elternvommars.com ;
Enerel Munkhsuren, de la page Instagram @mininimoo ;
et Nicole Kavanaugh, du blog www.thekavanaughreport.com.

Enfin, n'oublions pas celle qui a dévoué sa vie à l'enfant à travers ses recherches et son travail de transmission : merci Maria Montessori !